V&R

Joachim Armbrust

Jugendliche begleiten

Was Pädagogen wissen sollten

Vandenhoeck & Ruprecht

Bibliografische Information der Deutschen Nationalbibliothek
Die Deutsche Nationalbibliothek verzeichnet diese Publikation in der
Deutschen Nationalbibliografie; detaillierte bibliografische Daten sind
im Internet über http://dnb.d-nb.de abrufbar.

ISBN 978-3-525-70121-8
ISBN 978-3-647-70121-9 (E-Book)

Satz: SchwabScantechnik, Göttingen
Druck und Bindung: ⊕ Hubert & Co. Göttingen

Inhalt

Vorwort 7

Vorbemerkung des Autors 9

A Die Jugendlichen als Akteure ihrer Entwicklungsaufgaben 11
   I. Körperliche Veränderungen und
   psychosexuelle Entwicklung 11
   II. Identitätsfindung, Geschlechtsrollenidentität,
   Selbstvertrauen 24
   III. Freundschaft, Liebe, Partnerschaft 30
   IV. Das Einsiedlerkrebssyndrom 36
   V. Drehbuchautor der eigenen Lebensgeschichte werden 38
   VI. Vorstellungen einer eigenen Lebenslandkarte entwickeln,
   die eigene Zukunft räumlich erfassen lernen 44
   VII. Bastel-Biografie und Selbstbildung – Biografieerwartung 48
   VIII. Wissens- und Erfahrungsteilhabe an der (späteren)
   Erwachsenenverantwortung 52

B Formalistischer Bildungsansatz
   versus jugendliche Entwicklung. 57
   IX. Anforderungen der Überformungsbildung 57
   X. Leistungsorientierung und Fortschrittsdistanz 60
   XI. Kommunikationskultur in der Schule 62
   XII. Schulklima 67
   XIII. Eigene Leistungsgrenzen austesten, den eigenen
   Rahmen überschreiten 73
   XIV. Das Lernen lernen – Bildungskultur und
   berufliches Lernen 79
   XV. Personale Ressourcen der Jugendlichen 87
   XVI. Peergroups als physisches und soziales Kapital 93

C Relative Autonomie auf dem
  Konsumwaren- und Freizeitmarkt 97
  XVII. Finanzielle Abhängigkeit und seelische Reifung –
  ein erschwerter Balanceakt 97
  XVIII. Entwicklung eigener Handlungsmuster für die
  Nutzung des Konsumwaren- und Freizeitmarktes 101

D Jugendliche Grenzgänge 105
  XIX. Was tun bei selbstzerstörerischem Grenzverhalten? 105
  XX. Wertebildung und Sinnstiftung im Erziehungsalltag 110
  XXI. Familie / Schule als Zwischenlager auf dem Weg
  zum Gipfel des eigenen Lebens 119
  XXII. Notwendige Hausaufgaben der Eltern / der Pädagogen   121

E Gesellschaftliche Prozesse und jugendliche Entwicklung –
  abgebildet in angelegten, offenen Prozessen 125
  XXIII. Ritualisierte Gestaltungsräume für Jugendliche schaffen –
  sanktionsarme Räume für wertbildende Kommunikation 125

Zum Autor 143

Vorwort

Die Lebensphase Jugend ist in den letzten dreißig Jahren immer länger geworden. Sie setzt wegen der Vorverlagerung der Pubertät immer früher ein und hört wegen der schwierigen Berufseinmündung immer später auf. Jugendlicher sein – das kann gut und gern fünfzehn oder sogar zwanzig Jahre andauern. Das ist keine Übergangsphase im Lebenslauf mehr, wie es für frühere Generationen noch typisch war, sondern eine Lebensphase eigenen Gewichts und eigenen Rechts. Eine Lebensphase, die eine breite Fülle von Entwicklungsaufgaben stellt, von der Annahme der körperlichen Veränderungen über die plötzlich auftretende Reflexions- und Bewusstseinsfähigkeit, die Ablösung von den Eltern und den Aufbau von Freundschafts- und Liebesbeziehungen bis hin zur Entwicklung von Berufskompetenzen und politischen Meinungen.

Joachim Armbrust setzt sich in diesem Buch mit den vielfältigen Entwicklungsaufgaben auseinander, die sich heute jedem jungen Mann und jeder jungen Frau stellen. Er kennt die Probleme der jungen Leute, ihre Mentalitäten und Denkmuster aus langjähriger Erfahrung als professionell geschulter pädagogischer Begleiter. In diesem Buch hat er seine Erfahrungen aufgeschrieben, für alle diejenigen, die als hauptberufliche oder ehrenamtliche oder auch als Laienpädagogen mit jungen Leuten zu tun haben. Der Leser spürt in jeder Zeile das immense Erfahrungswissen des Autors, lebendig ausformuliert ohne Schnörkel und Gehabe. Hier schreibt einer, der es keinesfalls für andere besser wissen will, sondern einer, dem es Spaß macht, seinen Schatz an Beobachtungen und Kenntnissen weiterzugeben. Ohne Scheu streut er seine vielfältigen Lernerfahrungen mit seinen eigenen Kindern ein. Der Leser wird so mitgenommen in einen Fluss voller Denkanstöße und produktiven Irritationen. Armbrust schafft es, bei seinen Lesern eigene Ideen und Kräfte freizusetzen und sie zu stärken für die alltägliche Begleitung von Jugendlichen.

Weit über zwanzig Jahre arbeitet der Autor mit Jugendlichen aller Altersgruppen und Schultypen zusammen, ist vielfältig in Schulprojekte involviert und hat durch »Peer-Involvement«-Projekte gemeinsam

mit den engagiert beteiligten Jugendlichen im Alter zwischen 13 und
21 Jahren etliche bahnbrechende Vorhaben umgesetzt. Die Initiativen
wurden mit bundesweit ausgeschriebenen Preisen belohnt. Durch diese
Praxisnähe schafft es der Autor, in eindrücklicher Weise, die innere,
für die Jugendlichen selbst oft noch unaussprechliche Erfahrungswelt
ihrer bereits gelebten Beziehungs- und Lebenszusammenhänge abzu-
bilden. Er zeichnet die bewusst-unbewussten Prozesse der subjektiven
Bedeutungsgebung der Lebenswelt nach, die Jugendliche erleben. Damit
drückt er in seiner Sprache aus, was sich unausgesprochen als jugendliche Positionen und Gefühle im Familien-, Freizeit- und Schulalltag
längst schon formiert hat.

Weil die Lebensphase Jugend so lang geworden ist, wurde sie auch
komplexer und für die jungen Leute selbst komplizierter. Für die täglichen Begleiter von Jugendlichen gilt das genauso. Auch ihre Arbeit
ist filigraner und anspruchsvoller geworden. Dem trägt Joachim Armbrust mit diesem Buch Rechnung. Sein Buch ist gut strukturiert und
nachvollziehbar aufgebaut. Es beleuchtet die verschiedensten Aspekte
pädagogischer Herausforderungen auf dem Weg ins Erwachsenwerden und gibt überzeugende und authentische Antworten. Es ist allen
verantwortlich mit Jugendlichen lebenden und arbeitenden Menschen,
Pädagogen, besonders aber Lehrern aller Schulformen, zu empfehlen,
die Anregungen, Hinweise und Hilfen für ihre Tätigkeit suchen.

Klaus Hurrelmann

Vorbemerkung des Autors

Liebe Leser und Leserinnen,
die Kinder von gestern sind die Jugendlichen von morgen. Oft schneller als wir wahrhaben wollen, sind die von uns betreuten Kinder auf dem Weg hinein und hinaus ins Leben. Für uns Pädagogen stehen im Umgang mit den Jugendlichen oft die befremdlichen Ausdrucksformen im Vordergrund: Sie sind lautstark, aggressiv, auffällig, motzig, aufmüpfig, unzuverlässig, abhängigkeitsgefährdet und lassen niemanden an sich heran. Unter Umständen erleben wir sie mit ihren Eskapaden als sehr mächtig und uns selbst eher ohnmächtig.

Eine Möglichkeit Fronten aufzuweichen besteht darin, die Jugendlichen zu stützen, sie in ihrer Situation zu erkennen und anzunehmen, allerdings ohne sich aufzudrängen und ohne ganz grundsätzlich auf Anforderungsansprüche zu verzichten.

Es ist schließlich nicht leicht, sich in einer Welt voller Optionen zu binden und eine Entscheidung für oder gegen etwas zu treffen. Es ist schwer, unter so vielen möglichen, miteinander konkurrierenden Lebensstilen für sich den richtigen herauszufinden. Es ist schwer, aus einer so breiten, vorgelebten Wertevielfalt sich verbindlich auf Werte zu verpflichten, was aber doch notwendig ist, um sich nicht in Beliebigkeit zu verlieren.

Können wir den jungen Menschen überhaupt dabei helfen, dass sie mit verschiedenen Lebensentwürfen jonglieren, Probehandeln lernen und ihre Biografie Stück für Stück selbst kreieren und ins Leben bringen lernen?

Ich wünsche den Jugendlichen Pädagogen, die sich mit ihrer ganzen Persönlichkeit anbieten, damit die Jugendlichen ihre ganze Energie auf sie richten können, ihr Gewordensein in diese Beziehung hineinstellen können und sich an ihnen als Pädagogen abarbeiten und reiben können, mit ihren Erwartungen, Hoffnungen, Sehnsüchten und ihrem bis dahin ganz stark an den Eltern orientierten Weltverständnis. Dass es dabei zu Ermutigungen, aber auch zu *Ent-Täuschungen* kommt, ist selbstverständlich und ist ohne Mitgefühl der Pädagogen nur schwer zu verkraften.

Mein Dank gilt allen Lehrern und Schülern, denen ich in ihrem Lehrer- und Schülersein begegnet bin, Wolfgang Schmalzried und Ulrike Nabholz und ganz besonders Inge Skär.

Herzlichst Ihr
Joachim Armbrust

A Die Jugendlichen als Akteure ihrer Entwicklungsaufgaben

I. Körperliche Veränderungen und psychosexuelle Entwicklung

Es zeigt sich im Kontakt mit Eltern und Jugendlichen deutlich, dass auch die Eltern pubertierender Kinder oftmals hilflos und überfordert sind. Auf ihrer Seite ist ein mindestens ebenso dringender Bedarf nach Orientierung und Information zu finden wie bei den Kindern selbst. Gerade im Bereich der körperlichen Entwicklungen, die ja niemandem verborgen bleiben und jeden in der Familie betreffen, weil sich das Verhältnis zueinander durch diese körperlichen Umwälzungen gewaltig verändert, wird dies deutlich. Nicht wenige Eltern werden überrascht vom frühen Start ihrer Kinder in die (Vor-)Pubertät. »Mit neun Jahren schon einen Busen, wir hatten keine Ahnung, ob das normal war«, so sagte einmal eine Mutter. Zu keiner anderen Zeit in seinem Leben macht ein Mensch eine vergleichbare Veränderung durch wie in der Zeit der Pubertät, in der der kindliche Körper zu einem erwachsenen Körper ausreift.

Schon mit der Vorpubertät setzt für die Noch-Kinder die Aufgabe ein, sich mit der eigenen beginnenden Geschlechtsreife auseinanderzusetzen und einen Umgang mit den damit verbundenen körperlichen und psychischen Veränderungen zu finden.

Die aufsteigenden körperlichen Veränderungen werden von den Kindern zu Beginn nur sehr unbewusst wahrgenommen. Trotzdem spüren sie schon bald, dass etwas bevorsteht und neigen dazu, sich innerlich gegen diese Entwicklung zu stellen, sie abzuwehren, weil sie ihnen zunächst Angst macht oder sie zumindest beunruhigt. Sie spüren den bevorstehenden Verlust der harmonisch kindlichen Proportionen und es beunruhigt sie, dass ihr Körperbild aus dem Lot gerät. Ihr ganzes Sein wird von diesem Gleichgewichtsverlust erfasst.

Natürlich haben die Kinder die herannahenden Vorboten, die die tief greifenden Körperveränderungen ankündigen, wahrgenommen, aber sie wollen in der Regel davon noch nichts wissen.

Ich habe eine ganze Zeit lang als Sexualpädagoge bei Pro Familia Sexualprävention für Drittklässler und Viertklässler angeboten. In einleitenden
Geschichten griff ich nicht selten zu dem Kniff der bereits pubertierenden
Geschwister, weil dann alles noch ein bisschen weiter weg ist und doch
schon nah genug, um Gast zu sein in dem, was einen da erwartet.

Im Zuge meiner Beratungstätigkeit lernte ich Andreas, einen Jungen,
der große Angst vor dem Tod und vor dem Sterben hatte, kennen. Es
stellte sich heraus, dass er in der Kirche als Ministrant Dienste verrich-
tete und ab und zu auch auf Beerdigungen aushalf. Natürlich lag es
nahe, seine kreisenden Gedanken um das Sterben auf diese Tatsache
zurückzuführen. Es zeigte sich aber schnell, dass diese Gedanken, viel
mehr etwas mit seinem Eintritt in die Pubertät zu tun hatten und mit
seinem Verhalten gegenüber diesen Veränderungen. Er wuchs mit zwei
gleichaltrigen Jungen in der Wohnsiedlung auf, mit denen er über viele
Jahre großen Spaß hatte. Sie legten gemeinsam ein Biotop an, hatten
das Gartenhäuschen von den Eltern eines der Freunde zur Verfügung
gestellt bekommen, in dem sie viele Abenteuer erlebten und manche
Übernachtung gemeinsam überstanden. Plötzlich war aber alles anders:
Bei den beiden Freunden setzte die Pubertät ein und Andreas fühlte sich
plötzlich ausgeschlossen. Die beiden begannen zu rauchen, standen mit
den Mädchen an der Ecke und hingen einfach so herum. Andreas hatte
von heute auf morgen keine Freunde mehr. Er war richtig erleichtert,
als er das Klassenziel nicht erreichte und wiederholen musste. Denn
nun war er wieder mit Jungen zusammen, die den Entwicklungsstand
mit ihm teilten.

Schwierig war, dass auch seine innere Uhr nicht stehen blieb, und so
ergab es sich, dass nach einer gewissen Weile auch bei ihm die Pubertät
einsetzte und er sich plötzlich aus der neuen Gemeinschaft herauska-
tapultiert fühlte. Er nahm sich vor, seine Entwicklung aufzuhalten und
zu warten, bis die anderen Jungen, mit denen er gerade begonnen hatte
sich anzufreunden, ebenfalls in der Pubertät sind. Dabei verkannte er,
dass man seine Entwicklung nicht aufhalten kann. So wenig wie man
von einem Kirschbaum verlangen kann, dass er erst im Juni blühen soll,
so wenig kann ein Menschenkind die körperliche Entwicklung bremsen,
die bei ihm einsetzt. In dem Wort entwickeln steckt ja schon, dass da
etwas bereits angelegt ist, was entwickelt werden will.

Zum Vergleich: Stellen Sie sich vor, Sie fahren in einem Boot einen
reißenden Bach hinunter und haben die Idee, Sie könnten die Fahrt

aufhalten und versuchen sich an einem Ast festzuhalten. – Selbst wenn Sie dazu die Kraft hätten, Sie könnten darauf warten, bis der Ast unter der Last der Kraft des treibenden Wassers brechen würde. Sich gegen bestimmte für den Menschen in seinem eigenen Rhythmus und Eigensein vorgesehene Entwicklungsströme zu stellen, bedeutet immer, dass er aus seiner Mitte fällt und in Gefahr gerät. Natürlich bringt uns nicht jeder Umweg oder jede kleine Angstkehre um, das wissen wir auch aus den Märchen, aber wir bringen uns dann durchaus in Gefahr und sind gezwungen unsere Aufmerksamkeit auf diese Tatsache zu lenken, früher oder später. So war es bei Andreas auch. Als er seinem Weg und dem naturgegebenen Fortgang zustimmen konnte, ging es ihm gleich besser und die Todesängste ließen nach.

Um Andreas zu stärken, erzählte ich ihm damals auch von einem Erlebnis, das ich mit meinem Sohn Paul hatte, als dieser etwas über ein Jahr alt war. Ich erinnere mich noch heute, wie wir damals mit zweien seiner Freunde, die mit ihm auf der Krabbeldecke vom ersten Tag an gemeinsame Zeit verbrachten, im Park waren und die beiden Freunde, die bereits laufen konnten, Ball miteinander spielten. Sie forderten Paul auf mitzuspielen, hielten ihm den Ball hin, zogen an ihm, wollten ihn aufstellen, aber unser Paul krabbelte vor sich hin und wusste gar nicht recht, was die beiden von ihm wollten. Laufen und Ball spielen war für ihn eben noch nicht dran. Ich werde diese herzzerreißende Szene nie vergessen, wie der Freund zornig wurde und in Tränen ausbrach, weil er ihn dabei haben wollte, und mein Sohn einfach nur erstaunt dreinschaute. Die Freundschaft zerbrach an dieser Stelle zwar nicht, aber es wurde deutlich, wie wir uns von einem Moment auf den anderen von den anderen getrennt fühlen können oder die anderen sich von uns, wenn die je eigene Entwicklung einsetzt und von uns verlangt, dass wir ihr folgen und nach Erfahrungen suchen, die dieser Entwicklung entsprechen. Mit der beginnenden Pubertät und der damit verbundenen körperlichen Entwicklung gehen nicht selten Freundschaften in die Brüche oder werden zumindest auf eine harte Probe gestellt.

Immer wieder begegnet mir in der therapeutischen Begleitung von Frauen deren Erleben, das sie als Mädchen hatten. So treffe ich bei der Biografiearbeit mit Frauen immer wieder auf das Phänomen, dass die körperliche Entwicklung in der Pubertät früher einsetzte als das Bewusstsein darüber, aus dem Kindsein gefallen zu sein. Sie haben bereits frauliche Rundungen, eine weibliche Figur und die männliche

Welt fängt bereits an, sie als Geschlechtswesen zu betrachten – und so werden die Mädchen über diesen sexuell gefärbten, männlichen Blick fast ein wenig aus dem Kindsein hinausgetrieben und mit Gewalt aus ihrem Dornröschenschlaf erweckt.

Andere wiederum haben einen solch guten Schutz, dass sie diese Veränderungen in den Beziehungen um sich herum kaum wahrnehmen, wieder andere spielen mit ihren Reizen und fordern das Männliche heraus.

Dies gelingt umso besser, je besser sie sich darauf verlassen können, dass ihr Spiel nicht dazu führt, dass die Schutzgrenze überschritten wird.

Vor nicht allzu langer Zeit begleitete ich ein 14-jähriges Mädchen, über drei oder vier Jahre, das in der Schlussphase unserer gemeinsamen Arbeit auf die Idee kam, dass wir einmal zu Musik, die sie mitbringt, miteinander tanzen könnten.

Wir vereinbarten tatsächlich solch eine Stunde und sie brachte Salsa-Musik mit. Ehe wir dann tanzten, bat sie mich, dass ich mich umdrehen sollte, was ich auch tat. Als sie dann sagte, sie sei so weit, und ich mich drehte, stand sie im Bustier und einem kurzen Röckchen da und ich erschrak ziemlich. Die Gedanken waren: »Um Gottes willen, wenn jetzt die Kollegen hereinkämen, was würden sie denken? Oh je, wie komme ich aus der Situation wieder heraus? Ich will sie doch nicht verletzen, aber das kann ich nicht zulassen, dem ist weder sie noch bin ich dem gewachsen.« Es zog mir innerlich für einen Moment richtig den Boden weg. Ich sagte dann zu ihr: »Du Karin, ich glaube, das ist nicht ganz das Richtige für uns, das will ich dir und deinem Freund, wenn du mal einen hast, überlassen. Zieh dir bitte wieder was an, hast du nicht noch andere Tänze dabei?«

Und siehe da, ohne zu widersprechen zog sie sich wieder an und zauberte einen Ententanz hervor. Für den Rest der Therapiestunde hatten wir beide noch großen Spaß miteinander.

Gerade weil sie mich als Mann lange Zeit brauchte, um sich auch in ihrem Mädchensein auszuprobieren und Bestätigung zu erfahren, ohne dass die Grenze überschritten wird, die als natürliche Grenze einfach zwischen uns steht – aufgrund der Rollen, aber auch aufgrund des Alters –, war es in dieser Situation wichtig, dass sie sich darauf verlassen konnte, dass ich uns beide vor Dingen beschütze, die nicht zwischen uns gehören.

Diese Aufgabe gibt es natürlich auch zwischen Vätern und Töchtern.

Einerseits brauchen Mädchen ihre Väter um ihre sexuelle Identität zu erfahren und mit ihr ausprobierend umzugehen, andererseits sind sie dabei aber auf Väter angewiesen, die selbstverständlich die Grenzen einhalten, auch wenn ihre Töchter sie überschreiten.

Ich kann mich an einen Vater erinnern, dessen Frau beklagte, dass er seine Tochter nicht mehr in den Arm nimmt. Der Vater fühlte sich in Anbetracht der ausgesprochenen Beobachtungen seiner Frau schuldig, aber irgendwie auch in sich gefangen und mit meiner Hilfe offenbarte sich dann die ganze Not des Mannes. Von dem Augenblick an, als er bei seiner Tochter frauliche Anzeichen wahrnahm, verlor er seine Leichtigkeit im Umgang mit ihr und hatte Angst, er könnte ihr auf eine männliche Art und Weise zu nahe treten, sie verstören und ihre gemeinsame Beziehung beschädigen. Die arglose Tochter aber fühlte sich durch seine Zurückhaltung abgelehnt und litt sehr darunter. Im Gespräch erarbeiteten wir dann, dass es für den Vater hilfreich wäre, wenn solche körperlichen Begegnungen des In-den-Arm-Nehmens öffentlich im Beisein seiner Frau oder anderer Familienmitglieder stattfinden würden, bis aus den gemeinsamen Begegnungen wieder eine Selbstverständlichkeit erwächst, in der er von sich sicher weiß, dass er seine neue Rolle als Vater gefunden hat. Am Ende war der Vater sehr erleichtert, dass er über die eigenen inneren Vorgänge im Zusammenhang mit den Veränderungen seiner Tochter offen sprechen konnte und seine inneren Reaktionen nicht verurteilt wurden.

Ich selbst kann mich im Zusammenhang mit meinen ersten Saunabesuchen an eine solch innere Unsicherheit erinnern. Es plagte mich die Sorge, es könnte sich bei mir etwas aufstellen, wenn ich eine attraktive, nackte Frau vor mir stehen sehe. Allein diese Vorstellung, es könnte passieren, beunruhigte mich. Erst nach etlichen Besuchen beruhigte sich diese Angst wieder. Denn die Befürchtung ist nie eingetreten. Nach und nach entstand eine Haltung in mir, die eben einen unspektakulären Umgang mit der Nacktheit zur Selbstverständlichkeit werden ließ. Das lässt also auch für die etwas unsicheren Väter oder Mütter durchaus hoffen.

Vor Kurzem arbeitete ich mit einer Frau an der Beziehung zu ihrem Sohn, der unübersehbar von der Pubertät erfasst wurde. Er suchte Abstand, ließ sich nicht mehr in den Arm nehmen und mied alles, was irgendwie auch nur im Entferntesten an Nähe erinnerte. Eines Tages ging er nun ins Bad, in dem seine Mutter nackt am Waschbecken stand und sich wusch, was er nicht wusste. Sie hatte, wie bisher üblich in der Familie, die Tür nicht abgeschlossen. Der Sohn erschrak und sagte, »Nichts wie raus hier, sonst kriege ich Augenkrebs!« Es war ihm offensichtlich mehr als peinlich, seine Mutter nackt vor sich stehen zu sehen. Das könnte ja Gefühle wecken, die einfach nicht zur Mutter gehören, sondern die sich auf ein Mädchen seiner Wahl richten sollten. Für eine Partnerschaft ist er aber noch nicht bereit. Der Mutter wurde klar, dass sie trotz eigener Ungezwungenheit und Freizügigkeit, in der nächsten Zeit einfach ihrem Sohn zuliebe solche Situationen zu vermeiden helfen muss, um ihn nicht zu sehr in Verwirrung zu stürzen.

Es ist kein leichtes Unterfangen für junge Menschen, sich mit ihren körperlichen Veränderungen, die nach außen natürlich sichtbar werden, vertraut zu machen und sie zu einem Teil ihrer Identität werden zu lassen. Genauso schwer ist es aber für sie auch, mit dieser neuen Erfahrung zurechtzukommen, dass in bestimmten Situationen sich jetzt plötzlich sexualisierte Aspekte in die eigene Wahrnehmung ihrer gelebten Beziehungen mischen.

Gerade bei den Eltern, in deren Arme sie sich immer wieder geflüchtet haben, zu denen sie immer gegangen sind, wenn ihre Gefühle überschwappten, bei denen sie immer ein offenes Ohr und Verständnis gefunden haben, bei denen sie sich zu Hause fühlten und Heimat empfanden, gerät alles ins Wanken. Denn mit der beginnenden Sexualisierung ist diese Heimat für lange Zeit verloren. Plötzlich werden durch die Menschen, die sie am liebsten hatten, bedrohliche Gefühle und Wahrnehmungssensationen ausgelöst, weil diese Eltern nämlich nicht geschlechtsneutral sind, sondern ebenfalls der Kategorie Mann oder Frau zugehören. So können sie mit diesem Thema eben gerade nicht bei den Eltern landen, sondern müssen es in sich selbst lösen lernen.

Es bedarf vieler gemeinsamer Situationen, um zu einer neuen Sicherheit im Umgang mit sich selbst und dem eigenen und anderen Geschlecht – auch im Umgang mit dem gegengeschlechtlichen Elternteil – zu finden. Gott sei Dank klappt das in den meisten Familien, ohne dass groß darüber nachgedacht werden muss.

Entgegen dem Glauben vieler Eltern, die Kinder wären, was die Aufklärung angeht, heute schon viel weiter, weil sie verschiedene Jugendzeitschriften gelesen haben und von dorther gelernt haben, scheinbar unbekümmert über Sexualität, Attraktivität und Beziehung zu sprechen, erlebe ich das in meiner täglichen Arbeit ganz anders. Wir Erwachsenen dürfen uns von dem demonstrativ sich wissend darstellenden Auftreten nicht täuschen lassen. Denn wenn die eigene Entwicklung einsetzt, dann nützt das bereits vorhandene Wissen über bestimmte Vorgänge nur wenig. Man wird von der Unsicherheit, den Neuheiten im Erleben und Empfinden, den schönen und schaurigen, aber auch den angstvollen und beklemmenden Gefühlen, die darum herum entstehen, einfach erfasst und muss erst einmal eine Haltung und einen Umgang damit finden. Das Schwierige dabei ist, dass ja auch die Beziehungen davon erfasst werden, in denen man sich bisher aufgehoben und zu Hause fühlte, ohne darüber nachdenken zu müssen.

Das Verhältnis zwischen den Geschlechtern liegt in dieser ersten, frühen Phase eher auf Eis. Die Jungen wollen von gleichaltrigen Mädchen meist überhaupt nichts wissen, das sind für sie einfach nur »blöde Weiber«. Sie werden zu protzenden kleinen Angebern. »Mädchen sind Quark, Jungen sind stark«, brachte meine Tochter einmal mit nach Hause und war ganz überzeugt davon, dass es so ist. Als ich den Spieß umdrehte: »Mädchen sind stark, Jungen sind Quark«, lachte sie zwar, aber ganz überzeugt schien sie nicht …

Am liebsten beschäftigen sich Pubertierende mit sich selbst – sie drehen und wenden sich vor dem Spiegel, nehmen die allerersten körperlichen Veränderungen prüfend unter die Lupe und versuchen sich mit dem Wandel anzufreunden. Die meisten Mädchen sind stolz auf ihre neuen Rundungen, auch wenn sie sich deswegen noch ein wenig schämen. Doch manchen geht die Entwicklung viel zu schnell und sie flüchten sich in die Kindheit zurück und werden unter Umständen von den Eltern als besonders anschmiegsam und suchend wahrgenommen.

Bei anderen setzt die Entwicklung eher verzögert ein und es entsteht im Laufe der Zeit die Sorge, wann und ob überhaupt die Entwicklung auch sie selbst erfasst. Ich selbst war ein sogenannter Spätzünder. Meine Freunde hatten alle schon Haare unter den Achseln und auch ums Glied, während sich bei mir noch nicht viel tat. Selbstverständlich löste das Irritationen aus und den Wunsch, die Entwicklung möge doch bitte bald einsetzen. Zumal das ja auch im Äußeren Auswirkungen hatte: So wollten wir einmal geschlossen in einen James-Bond-Film gehen, alle kamen rein, nur ich nicht. Die Kassiererin glaubte mir nicht, dass ich schon 16 bin (was ich auch wirklich noch nicht war, aber die anderen eben auch nicht).

Vor einigen Jahren initiierte ich ein Jugendprojekt »www.Jugendline. de« – Jugendliche beraten Jugendliche im Chat, per E-Mail oder auch per Telefon zum Nulltarif. Dabei wurde deutlich, dass sich gut 70% der Fragen von Jugendlichen um zwei Bereiche drehen: Zum einen geht es darum, ob sie normal sind oder ob ihre (körperliche) Entwicklung normal ist und zum anderen geht es um den Themenbereich Freund / Freundin haben, ums Küssen, ums Verliebtsein, Liebeskummer, Sex, miteinander sprechen, eifersüchtig sein, sich zu sagen trauen, wenn etwas unangenehm ist, Wünsche äußern, zu etwas bereit sein oder nicht bereit sein, unbedingt eine bestimmte Erfahrung machen zu wollen usw. Es wurden ganz ähnliche Fragen gestellt, wie Sie das vielleicht auch aus der bekannten Jugendzeitschrift kennen: Ist mein Penis lang genug? Bin ich ein Spätentwickler? Ist meine Entwicklung noch normal? Ich fühle mich so hässlich und keiner mag mich, was soll ich tun? Ich habe noch keine Haare unter den Achseln, ob die anderen mich auslachen? Ist Selbstbefriedigung schädlich? Wie fühlt sich ein Orgasmus an? Ich bin verliebt und weiß nicht, wie ich es ihr sagen soll. Ich habe Angst vor Zurückweisung; Mich hat ein Junge angesprochen, den ich auch nett finde, dass er mit mir gehen will. Ich will aber mit keinem Jungen gehen, wie soll ich mich nur verhalten, wenn ich ihn wiedertreffe? Ich habe Angst, dass ich keine Freundin kriege. Ich werde total unsicher, wenn die Mädchen aus unserer Klasse so vor sich hin kichern, wenn ich an ihnen vorbei laufe und denke gleich, dass sie mich auslachen. Ich bin in meinen besten Kumpel verknallt, was soll ich nur machen? Ich glaube, er hat keine Ahnung? Meine beste Freundin hat jetzt einen Freund, wenn ich mit den beiden weggehe, fühle ich mich wie das fünfte Rad am Wagen und bin obendrein auch noch neidisch auf sie, alles in allem ein schreckliches Gefühl. Ich bin viel zu fett, alle lachen mich deshalb aus. Wie geht ein Zungenkuss? Was kann ich tun, dass mein Busen größer wird? Ich glaube, ich bin schwul, woran erkenne ich das? Mit wie viel Jahren darf man vom Gesetz her mit einem Jungen schlafen? Ich habe Angst vor dem ersten Kuss, könnt ihr mir vielleicht sagen, wie man richtig küsst? Mein Freund und ich haben schon ein paar Mal versucht, miteinander zu schlafen, aber es hat nie geklappt, er konnte irgendwie nicht eindringen, könnt ihr uns helfen? Ich bin 13 und in einen 16-jährigen Jungen verliebt. Ob er denkt, ich bin doch kein Kinderschänder, was will die von mir?

Die einsetzende Menstruation ist für die Mädchen ein aufregendes und verunsicherndes Ereignis und stellt den Beweis für den endgültigen Beginn der Pubertät dar. Dieses Geschehen macht den Mädchen vielleicht ein wenig Angst, aber gleichzeitig stärkt es ihr Selbstbewusstsein. Sie spüren es, aus dem kleinen Mädchen in ihnen wird nach und nach eine junge Frau, die mit der monatlichen Blutung auch die Fähigkeit zur Schwangerschaft erwirbt. Natürlich macht das dann auch unbewusst etwas mit dem Gefühlshaushalt der Mädchen. Jeden Monat stellt sich der Körper darauf ein, ein Kind zu empfangen, wobei in unserer Kultur der tatsächliche Zeitpunkt zur konkreten Schwangerschaft sehr weit nach hinten gelegt ist.

Auch bei den Jungen erzeugt der erste Samenerguss meist gemischte Gefühle. Einerseits löst er Befremden aus, viele Jungen sind zunächst unangenehm berührt von den Flecken, die sie bei diesem Geschehen hinterlassen und schämen sich dafür. Es ist ihnen peinlich, dass andere das sehen könnten, was mit ihnen geschieht. Andererseits ist dieser Samenerguss auch ein Beweis für ihre funktionierende Männlichkeit und sie sind durchaus auch, vielleicht verhalten, aber doch, stolz darauf. Millionen von Samenzellen warten darauf, aktiviert zu werden. Wenn das das männliche Herz, das sich nach Superlativen sehnt, nicht höher schlagen lässt.

Die sexuell gefärbten Energien, der Geschlechtstrieb, wird nun verstärkt aktiviert. Doch trotz großer Sehnsucht sich zu verlieben und trotz diffuser Einsamkeitsgefühle scheuen sich die meisten davor, es das erste Mal mit einem Jungen oder einem Mädchen zu wagen. Die Mehrzahl der Teenies ist bereit zu warten, bis sie sich reif dafür fühlen. Von flüchtigen Schmusereien, ausgiebigen Zungenküssen und erstem Petting vielleicht einmal abgesehen, weiter gehen sie zunächst meist nicht, entgegen aller medial gegenläufig vermittelten Botschaften.

Was können Eltern und Pädagogen in dieser Situation tun? Wenn es uns gelingt, dort wo wir selbst von der beginnenden Sexualisierung unserer Jugendlichen betroffen sind, entspannt und offen mit der Situation umzugehen, vielleicht auch eigene Ängste vorsichtig zu benennen oder die Gewöhnungsbedürftigkeit zu erwähnen, die die neue Situation auch für uns hat, dann ist in diesen Teil schon einmal etwas Gelöstheit gebracht.

Dort, wo es um eigene Erfahrungen unserer Jugendlichen mit sich selbst geht, wollen sie in der Regel nicht so gern von uns ungefragt entdeckt und angesprochen werden. Meist wollen sie selbst entscheiden, ob sie damit zu uns kommen oder nicht. Wir können ihnen dann nur indirekt, indem wir über uns sprechen, Botschaften übermitteln, die ihnen vielleicht hilfreich sind. Wenn sie aber mit einem Thema zu uns kommen, dann dürfen wir auch einmal über unsere Jugendzeit sprechen und wie es uns selbst damit ergangen ist. Sicher sollten wir uns nicht im Detail verlieren, aber eine Botschaft in dem Sinne: »Das war damals ziemlich schwierig und peinlich für mich, aber ich habe es ja Gott sei Dank gut überstanden«, ist sicher hilfreich. Auch die Botschaft: »Weißt du, ich habe mich damals auch oft gefragt, ob ich normal bin und habe lange gebraucht, um zu entdecken, dass es den anderen genauso geht. Das hat mich dann aber wirklich auch erleichtert.«

Aber vergessen Sie bei all dem nie: Die Kinder sind jetzt nicht mehr klein und sie lassen Sie nicht mehr in jedem Fall wissen, was sie denken oder fühlen, sie fangen jetzt an, sich ihre persönliche Geschichte zu schaffen, die uns weitgehend fremd bleibt. Sie werden uns in den meisten Fällen weder über die Erfahrungen mit dem eigenen Körper, das erste Flaschendrehen, noch über den ersten Zungenkuss informieren, auch den ersten Liebeskummer, das erste Verliebtsein, werden wir nur noch mitbekommen, wenn wir hellhörig dafür sind.

Pädagogen sollten unbedingt wissen, dass sie selbstverständlich auch Subjekte des ersten Verliebtseins werden können und von den Jugendlichen durchaus als mehr oder weniger attraktive Sexualobjekte wahrgenommen werden.

In den letzten Monaten und Jahren werden immer mehr Fälle sexuellen Missbrauchs bekannt. Erziehungsverantwortliche haben hier im Verhältnis zu den ihnen anvertrauten Schützlingen, die notwendige Grenze nicht eingehalten. Ganz gleich, ob sie aktiv danach getrachtet haben oder ob es sich wie zufällig ergeben hat, der Erwachsene ist hier in einer besonderen Verantwortung. Die jungen Menschen vertrauen ihm, lassen Nähe zu, gerade auch, weil sie vertrauen und sich darauf verlassen, dass der Erwachsene die notwendigen Grenzen einhält. Es liegt eindeutig in dessen Verantwortung darauf zu achten, dass die Beziehung diesbezüglich ungelebt bleibt. Oft habe ich mich gefragt, was mich davor geschützt hat, in dieser grenzüberschreitenden Weise zu handeln. Denn es blieb ja nicht aus, dass auch ich werdende junge Frauen, denen ich während meiner Projekte begegnet bin, durchaus mit ihrer weiblich-attraktiven Seite wahrgenommen habe. Sie haben sie oftmals deutlich genug und unübersehbar präsentiert. Ich glaube, was mich geschützt hat, war meine Offenheit. Ich habe viele solcher Situationen genutzt, sie öffentlich vor der Gruppe Jugendlicher zum Thema zu machen. So kann ich mich an die frühen neunziger Jahre erinnern, wie durch das Aufkommen der Tangas und der dazu gehörenden Hosen, die nur bis zur Hüfte gehen, mir Blicke ermöglicht wurden, die sicher nicht wirklich für mich bestimmt waren. Ich sprach die weiblichen Jugendlichen direkt darauf an, dass das für meine Generation ganz neue erotisch-aufregende Einblicke darstellen würde, wenn da Jugendliche auf der Bank säßen und in dieser Offenherzigkeit Körperteile zur Schau stellten, die auch durchaus Erregung und Begehren auslösen können. Damit verband ich die Frage, wer denn als Zielgruppe gedacht sei, dass ich damit ja wohl kaum gemeint sein könne und dass es wichtig ist, darauf zu achten, dass *frau* auch die richtige Zielgruppe damit erreicht und sich der Wirkung ihrer *Entblößung* auch bei anderen Menschen als der Zielgruppe bewusst sein sollte.

In Workshops lege ich gern einmal eine Hand auf die Schulter oder halte eine Hand, meist wird dies von den Jugendlichen gemocht. Ich habe aber immer sehr streng darauf geachtet, dass ich das zeitnah thematisiert habe: »Ist euch klar, ich habe Melanie mich jetzt nur an der Schulter zu berühren getraut, weil ihr alle dabei seid und so gewährleistet ist, dass da nichts Uneindeutiges dazu kommt. Und ich hoffe, ihr habt das gehört, dass ich sie immer wieder gefragt habe, ob das noch in Ordnung ist: Melanie, war das jetzt wirklich okay für dich? Wenn ich irgendjemandem zu nahe komme, macht mich bitte gleich darauf aufmerksam, das ist wichtig für uns alle! Scheut euch auch bitte nicht nein zu sagen, wenn euch danach ist.«

Einmal habe ich mit Jugendlichen aus Wiesbaden zum Thema Sexualprävention in Kooperation mit dem dortigen Gesundheitsamt gearbeitet und direkt mir gegenüber saß ein Mädchen mit einem sehr tiefen Ausschnitt, der mir tiefste Einblicke gewährte. Ihre Freundin daneben hob ihr immer wieder den Pulloverausschnitt an. Irgendwann sprach ich die Gruppe an, ob ihnen was aufgefallen wäre? Niemand wusste, was ich meine. Ich sprach das Mädchen direkt an: »Ist dir eigentlich aufgefallen, dass deine Freundin die ganze Zeit versucht, dich vor etwas zu schützen?« Nein, sie habe nichts bemerkt. Dann fragte ich die Freundin direkt: »Kann es sein, dass du deine Freundin vor meinen Blicken beschützen willst, dass du in Sorge um deine Freundin bist, weil sie mich eventuell sexuell ansprechen könnte?« Sie nickte mit dem Kopf und wir kamen über diesen konkreten Auslöser in ein sehr intensives Gespräch. Thema war dabei unter anderem, dass es gut ist, wenn Mädchen ein Bewusstsein dafür haben, wie sie auf Dritte wirken, oder auch, dass es niemals in die Verantwortung des Mädchens gelegt werden kann, wenn ich mich als Pädagoge davon angesprochen fühlen würde. Dass es immer die Aufgabe des Erwachsenen ist, für die richtige und notwendige Grenze zu sorgen usw. Ich glaube die Transparenz im Umgang mit dem Thema hat wesentlich dazu beigetragen, dass ich mich an schwierigen Stellen immer von der Bewertung und Aufmerksamkeit der Jugendlichen geschützt und getragen wusste. Keiner ist unfehlbar, je mehr wir das wissen und je mehr wir selbst Vorsorge treffen, desto geschützter sind wir alle und desto ungezwungener darf es zugehen, weil die Grenzen klar sind und immer wieder klar gemacht werden. Dies erfordert allerdings eine ausgereifte Sexualität auf Seiten des Pädagogen.

Und natürlich ist es auch gut, wenn Pädagogen auf ein wachsames erwachsenes Umfeld treffen. Es hat nichts mit Kontrolle oder Misstrauen zu tun, wenn Eltern z.B. wissen wollen, wie die Dinge geregelt sind, während die Jugendlichen mit uns unterwegs sind.

Im Zusammenhang mit dem von mir durchgeführten Jugendprojekt »Jugendline.de« hatten wir einen bundesweit ausgeschriebenen Preis der Stiftung Brandenburger Tor der Bankgesellschaft Berlin gewonnen. Dieser Preis sollte uns in Berlin im Ludwig-Erhard-Haus überreicht werden. Es wurden vier Jugendliche ausgelost unter allen jugendlichen Teilnehmern, die mit mir zur Preisübergabe nach Berlin fahren durften. In diesem Fall handelte es sich um vier weibliche Jugendliche. Am Tag vor der Abfahrt riefen mich die Eltern eines der Mädchen an und wollten von mir wissen, wie wir es mit dem Übernachten machen würden. Ich hätte doch sicher für die Mädchen und für mich separate Übernachtungsmöglichkeiten gebucht? Im ersten Moment fühlte ich mich etwas gekränkt, gab aber ganz sachlich Auskunft darüber: Ich persönlich hätte gedacht, dass es in Ordnung sei, wenn wir die Nachtfahrt im Zug in einem Abteil verbringen, zumal ja auch fremde Männer und Frauen hier von der Bahn zusammengewürfelt werden könnten. Aber in Berlin selbst sei es selbstverständlich so, dass die Mädchen zusammen ein Herbergszimmer hätten und ich ein Zimmer für mich.

Im Nachhinein fand ich die Anfrage der Eltern gut. Sie signalisierten mir deutlich: »Wir sehen hier einen Graubereich für den Sie die Verantwortung haben und wir wollen, dass sie diese Verantwortung in einem guten und klaren Sinne wahrnehmen und es nicht zu Grenzüberschreitungen kommen lassen.« Im Grunde waren diese Anfrage und der Austausch darüber auch eine Entlastung und ein Schutz für mich.

Selbstverständlich nehmen Schüler Lehrer ebenso in ihrer Geschlechtlichkeit wahr und fällen auch *Urteile* im Sinne von attraktiv oder nicht attraktiv. Selbstverständlich spielen Schüler auch mit ihrer eigenen Attraktivität und stellen die Lehrer auf die Probe. Da manche Kleidungsstücke sehr offenherzige Einblicke zulassen oder sogar zu Blicken ganz direkt einladen, ist es schon wichtig, dass Lehrer ein Bewusstsein für sich selbst haben und auch spüren, wann und von wem sie sich angesprochen fühlen. Hier ist es sicher gut, die den Rollen von Schülern und Lehrern gemäße Formen zu finden.

Intimitäten sind ganz zu vermeiden, Nähe nur im öffentlichen Raum zuzulassen und eben auch nur so weit, wie die Beziehung eindeutig nicht sexuell bleibt. Das bedeutet aber nicht, dass Lehrer sich grundsätzlich neutral verhalten müssen. Selbstverständlich dürfen sie sich an ihren Schülern erfreuen und sie positiv bestätigen, wenn sie ihre Schätze zum Vorschein bringen. Wir alle sind auf liebende und unterstützende Gesten angewiesen, um uns in unserem Wesen und in unserem Sein bestätigt zu fühlen. Gibt es eine Atmosphäre grundlegender gegenseitiger Wertschätzung, macht das Lernen sehr viel mehr Spaß – und zwar beiden Seiten. Eine persönliche Beziehung zu einem Schüler einzugehen ist nichts Verbotenes, sondern die Grundlage pädagogischer Begleitung. Dass dabei auch einmal eine erotisch anziehende Komponente mitschwingt, ist nicht grundsätzlich falsch, solange es im Atmosphärischen bleibt.

Entgegen der zielgerichteten und ergebnisorientierten Bildungsziele, die Schüler erreichen sollen und auf deren Erreichen hin sie trainiert werden, kommt die Pubertät und die aufbrechende Sexualität der Schüler und die damit verbundenen Entwicklungs- und Lebensaufgaben aus dem biologischen Sein.

Gerade deshalb sollten diese Bewegungen auch von der Schule und den Pädagogen aufgegriffen und es sollte eingeladen werden, in der Schule und in den Beziehungen einen angemessenen Platz dafür zu finden.

II. Identitätsfindung,
Geschlechtsrollenidentität, Selbstvertrauen

Ein 11-jähriges Mädchen hat die Redaktion der Tageszeitung unserer Region gefragt: »Warum denken Mädchen anders als Jungen?« Die Redaktion bat mich, dem Mädchen eine Antwort zu schreiben. Folgende Zeilen habe ich ihr geschrieben: »Liebe Amelie, um auf deine Frage eine Antwort zu geben, muss ich etwas weiter ausholen. Das Leben hat sich ursprünglich unabhängig von uns Menschen über geschlechtslose Einzeller entwickelt. Die vielfältige und verfeinerte Weiterentwicklung des Lebendigen führte dann zu gegengeschlechtlichen Polen. Es sind Zellen mit unterschiedlichen Eigenschaften entstanden. Um die Fortpflanzung sicherzustellen, mussten sich diese wieder zusammenfinden. Wir finden das auch in der Pflanzenwelt, so müssen bei den Haselnusssträuchern männliche und weibliche Zellen zusammenkommen, sonst gibt es keine Früchte. Damit sich vielschichtigeres Leben entwickeln kann, hat es also zwei Geschlechter gebraucht und das setzt sich bei den Tieren, aber auch bei den Menschen fort. Wenn wir in die Geschichte der Menschheit zurückgehen, gibt es seit vielen tausend Jahren Männer und Frauen, Mädchen und Jungen.

Immer schon war es Aufgabe der Jungs, in die Rolle des Mannes hineinzuwachsen, und die der Mädchen, in die Rolle der Frau zu finden. Diese Geschlechtsrollen unterscheiden sich, verändern sich von Zeit zu Zeit und werden immer wieder neu definiert. Ihr grundsätzliches Vorhandensein hat sich aber aus der Notwendigkeit des Überlebens der eigenen Art entwickelt und erhalten. Damit Kinder entstehen, müssen Mann und Frau zusammenkommen, sonst geht das nicht. Um diese Tatsache herum hat sich die Verschiedenheit entwickelt. Die Frauen gebären die Kinder, die gerade am Anfang ihres Lebens sehr pflegebedürftig sind und sehr viel Aufmerksamkeit und Schutz brauchen. Auch die Frau selbst ist ungeschützter in der Zeit, in der sie Kinder zur Welt bringt, und so fiel dem Mann früher zumindest die Aufgabe des Erzeugers, des Beschützers und des Nahrungsbeschaffers zu. Er machte sich auf »in die Welt da draußen«, um das mitzubringen, was Frau und Kind brauchen und beschützte sie vor Bedrohungen von außen.

Die unterschiedlichen Aufgaben und Rollen führten zu einer grundlegend anderen Gefühlslage der Geschlechter und die Erziehung wurde über viele tausend Jahre bei Jungen und Mädchen anders angelegt. Jungen lernten eher sich selbst zu behaupten und durchzusetzen, legten großen Wert auf Selbstständigkeit, waren eher nach außen orientiert, wollten vernünftig sein, liebten das Kämpfen und Siegen, wollten Helden sein. Sie neigten zum »Nach-außen-Handeln« und hatten eine Neigung, das Weibliche abzuwerten, auch zum eigenen Schutz, denn mit einem solch differenzierten Einfühlungsvermögen käme man in der Welt da draußen nicht immer sehr weit. Mädchen konnten sich oftmals besser einfühlen, waren eher bereit zu geben, nachzugeben, zu verzichten, zuzuhören und zu erzählen, sie wollten einbezogen sein, handelten eher nach innen, mussten den Dingen, die sie erlebten, Sprache verleihen und all die Gefühle, die dabei entstanden, waren ihnen wichtig. Ihnen war das Gemeinschaftliche sehr wichtig, weil es ihnen Sicherheit gab. Alleinsein außerhalb der Gemeinschaft wurde als bedrohlich von ihnen erlebt.

Diese Rollenklarheit ist verloren gegangen, aber sie wirkt noch nach. Jeder Junge / jedes Mädchen, durchlebt diese Rollenbilder in seiner Entwicklung, auch wenn sie im erwachsenen Leben dann gar nicht mehr unbedingt greifen. Heute sind die Aufgaben nicht mehr ganz so verschieden, aber die alten, über Jahrtausende entstandenen Rollenbilder werden noch über viele Generationen nachwirken.

Dieser kurze Text macht das ganze Dilemma sichtbar, in dem die heutige Jugend steckt. Die Überformung durch die kulturelle Norm der vergangenen Jahrhunderte wirkt bis in unsere Gegenwart hinein. Es spielen sich alte Rollenvorgaben ab, die situativ oftmals nicht mehr passen, aber doch einen gewissen Automatismus haben, der sich erst mit der Zeit legt und es den jungen Menschen erst nach und nach ermöglicht, sich die Rollen als Junge, Mädchen oder als Paar über bewusste Entscheidung im Zusammenspiel selbst zu gestalten. Hier wirken alte Mythen, die sich idealtypisch äußern, immer noch fort. In ihnen spiegeln sich männliche und weibliche Prinzipien, die in der heutigen Zeit nicht mehr wirklich dem jeweiligen Geschlecht zugeordnet werden können, aber sowohl menschheitsgeschichtlich wie auch einzelschicksalsbezogen eine Phase darstellen, die bei der Identitätsfindung durchlaufen werden muss.

Ein Junge findet zu einer partnerschaftlichen Identität – das Männliche und das Weibliche betreffend – nun einmal darüber, dass er die Jungenseite auslebt. Dazu gehört es, davon zu träumen, ein Supermann zu sein, der Held, der dem Guten dazu verhilft, das Böse zu besiegen. Jeder Junge will großartig sein, der kraftvolle Held voll physischer Kraft.

Initiative und Tatkraft möchte er unter Beweis stellen. Im Männlichen lebt von Anbeginn der Wunsch, sich von der Natur abzuheben, sich selbst zu bestimmen und eigene Ordnungen zu setzen. Aktiv und aggressiv versucht das Männliche einmal gesetzte Ziele auch zu erreichen. Es stellt sich eine Aufgabe, um sich daran zu messen, um die eigene Manneskraft sichtbar zu machen. Männer haben Mut, nehmen Einfluss, setzen sich durch, sind Erfolg gewöhnt und haben die notwendige Distanz. Sie sind objektbezogen und halten ihre Subjektivität heraus. Der Mann ist historisch der, der das Schwert trägt, ein Symbol auch für den scharfen, unterscheidenden Verstand, durch den der Mensch Herr über die Natur zu werden vermag. Männer waren es lange Zeit, die sich zu Gipfelgesprächen trafen. Sie sind oft vergeistigt und entfremdet von dem, was sie trägt. So geben sie um des Himmels willen nicht selten den Boden unter den Füßen auf. Nach außen bleiben Männer souverän, auch wenn sie aus der eigenen Tiefe schon lange keine Sicherheit mehr beziehen können. Mitgefühl, Intuition, Herz, einen Sinn für das Ganze und Achtung vor dem Weiblichen entsteht erst unterwegs, über Beziehung, die die Jungen erleben und erfahren. Immer noch erlebe ich Unverständnis, Herabsetzung und Vernachlässigung dem weiblichen Prinzip gegenüber. Allmähliche Wandlung, rhythmischer Wechsel der Jahreszeiten, Fruchtbarkeit, Wachstum und Ernte aber auch Leben und Tod gehören in den Wirkungskreis des Weiblichen. Das Weibliche gehorcht und überlässt sich den naturgegebenen Gesetzen, es verkörpert ein Stück Natur, im Weiblichen selbst lebt ein Stück vom natürlichen Wandel. Viele der weiblichen Eigenschaften erschließen sich aus den körperlichen Wandlungsprozessen. Das Weibliche gibt sich hin in das Werden und Geschehen, es wartet ab und empfängt, passiv zeigt es sich, weich und schmiegsam, warm und flüssig. Es ist ernährend und Schutz gewährend, mehr liebend bezogen, als distanziert abstrahierend. Die Frau umfasst und unterstützt, sie ist nachgebend und mäßigend, sie gibt sich hin und empfängt. Sie öffnet sich eher in den Raum (im Gegensatz zur männlichen Zielgerichtetheit), sie sucht die Einheit und lebt in ihr, sie liebt die Spontanität, ist absichtslos, bezogen. Ihre Welt sind die Gefühle. Stimmungen und Ahnungen finden hier Beachtung, Vertrauen ist der Mittelpunkt weiblichen Bewusstseins. Frauen nehmen allerdings auch in komplexen Situationen Zusammenhänge wahr und sind weniger krankheitsanfällig. Früher wurde von Frauen verlangt, dass sie keusch, sanft, unaufsässig, vermittelnd, still, ordentlich und bedacht sein sollen.

Aufmerksame Wahrnehmung von dem, was ist und zielgerichtetes Entscheiden müssen wesensgerecht in jedem Mann und in jeder Frau zusammenkommen, Erlösung durch den anderen in diesen Bereichen verhindert heutzutage notwendige Entwicklung. Darin liegt die Herausforderung moderner Individuation.

Irgendwann fangen Jungen und Mädchen an, den Abstand zueinander zu suchen, sich zu meiden. Man lädt sich gegenseitig nicht mehr auf Geburtstage ein, man verabredet sich nicht mehr, jedenfalls nicht, wenn es die anderen mitkriegen könnten. Wenn dann die Wiederannäherung sich anbahnt, ist diese mit allerlei aufregenden Gefühlen, aber auch mit Unsicherheiten und Hemmungen verbunden. Irgendwie ist ein entspannter, normaler Umgang im Miteinander verloren gegangen. Man muss sich neu entdecken und herausfinden, wie es sich gut leben lässt in gegengeschlechtlichen Begegnungen.

Ich kann mich gut erinnern, mein Sohn war vielleicht 13 Jahre alt, ich war in der Stadt und sah vom obersten Punkt unserer Fußgängerzone ganz weit unten auf der Brücke, vielleicht 500 – 600 m entfernt, meinen Sohn mit einer Gruppe gleichaltriger Mädchen und Jungen stehen. Ich freute mich, ihn zu sehen und entschloss mich geradewegs auf ihn zuzugehen. Als ich bei der Gruppe ankam, standen alle noch wie zuvor, nur mein Sohn war weg. Ich fragte die Gruppe nach ihm, da sagten sie zu mir: »Ja, der war gerade noch da, aber als er Sie kommen sah, ist er abgehauen.« Zu Hause fragte ich ihn empört, was das soll? Ich fühlte mich verletzt und teilte ihm das mit. Dann schoss ich allerdings über das Ziel hinaus und formulierte, ich wüsste nicht, ob wir noch zusammen wohnen können, wenn er in der Öffentlichkeit nicht zu mir stehen kann. In dieser Gesprächssituation ließ sich das entstandene Problem nicht klären. Ein paar Tage später sprach ich meinen Sohn noch einmal an, nahm meine harten Formulierungen etwas zurück und bat ihn, mir doch bitte zu erklären, was da in ihm vorgegangen war.

Es waren zwei Punkte, denen er sich entzogen hat. Er hatte erstens Angst, ich könnte *Quatsch labern* und zweitens, das kam allerdings nur verzögert ans Licht, hätte er noch so wenig Erfahrung im Umgang mit Mädchen, fühle sich da so linkisch, dass er mich nicht unbedingt als Zuschauer dabei haben wollte.

Selbstverständlich will jeder Junge / jedes Mädchen ab einem gewissen Alter wissen: Bin ich denn attraktiv genug für das andere Geschlecht? Kann ich denn die Aufmerksamkeit eines Jungen / eines Mädchens auf mich ziehen und an mich binden?! Noch viel schwieriger stellt es sich dar, die gefundene Aufmerksamkeit dann auch zu füllen. Was sage ich, wenn ich sie treffe? Wie kann ich ihn ansprechen? Wie komme ich über meine Aufregung und meine Unsicherheit hinweg? Was, wenn sie mit ihren Freundinnen kichert und ich mich ausgelacht fühle?

In der Beratungsarbeit begegnen einem die jungen Menschen, die sich besonders schwer tun. So kann ich mich an einen Jungen erinnern, der in einer Internatsschule war und dem es in besonderer Weise gelang, sein Geld zu sparen und zusammenzuhalten. Das bemerkten natürlich auch die anderen und fingen an, sich Geld von ihm zu leihen. Dabei kamen recht ordentliche Schulden zusammen, die sich nicht mehr so einfach abtragen ließen. So fing der Junge an, anzubieten, gegen kleine Gefälligkeiten, die Schulden zu erlassen. Er bot z.B. an: »Wenn du mir einen Kuss gibst, erlasse ich dir zwei Euro.« Oder: »Wenn ich deine Brust anfassen darf, erlasse ich dir fünf Euro.« Eines der betroffenen Mädchen sprach mutig mit ihrer Bezugsbetreuerin darüber. Ich übte dann mit dem Jungen in Einzelstunden im Rollenspiel, wie es denn gelingen kann, ein Mädchen anzusprechen und für sich zu gewinnen. Es war ein schwerer Weg. Ich kann mich dunkel an einen seiner ersten Versuche erinnern. Die Rollenspielsituation spielte sich im Supermarkt ab. Er war mit dem Einkaufswagen unterwegs, sie (in dem Fall ich in ihrer Rolle) war ebenfalls mit dem Einkaufswagen unterwegs. Sie (ich) fiel ihm auf, er fuhr hinter ihr (mir) her und plötzlich sprach er sie (mich) von der Seite an: »Du, ich will fei mit dir gehe!« Im gemeinsamen anschließenden Gespräch kamen wir auf keinen grünen Zweig. Erst als ich in einem unvorbereiteten Moment in einer der nächsten Stunden während eines gemeinsamen Rollenspiels mit vertauschten Rollen den Spieß umdrehte und ihn ganz unvermittelt fragte, ob er mit mir gehen will, begriff er, dass das so nicht geht, dass er das Mädchen, für das er sich interessiert, auf diese Weise überrollt hat.

Ich selbst kann mich an diverse Spiele erinnern, die wir im Schullandheim gespielt haben. Wir spielten z.B. Flaschen drehen – der, der dreht, muss den küssen, auf den die Flasche zeigt. Die große Hoffnung war natürlich, dass die Flasche bei dem Mädchen landet, das man besonders gern hat. So blieben im Schutz des Spiels auch die eigenen großen Gefühle geschützt und man machte sich nicht so verletzbar.

Wenn man in bestimmten Jugendzeitschriften blättert, entsteht das Gefühl, dass viele bereits mit 14, spätestens aber mit 16 das meiste schon erlebt haben, was es zum ersten Mal zu erleben gibt (Küssen, Petting, Sex etc.). In meinem Alltag mit Jugendlichen habe ich es gar nicht so selten erlebt, dass diese ersten Erfahrungen auch mit 18 noch nicht stattgefunden haben. Hier stimmen medial erzeugte Wirklichkeiten und tatsächliche, subjektive Wirklichkeiten der Jugendlichen oftmals nicht überein.

Eine junge Frau, die in ein staatliches Internat ging und bei einem meiner Jugendprojekte mitmachte, erzählte mir einmal, wie Schülerinnen auch Lehrer mit ihren Reizen auf die Probe stellen: Beim letzten Rundgang des Lehrers, wenn die Schlafenszeit erreicht ist, sich z.B. absichtlich (halb-)nackt zu präsentieren, um diesen in Verlegenheit zu bringen und zu verunsichern und um gleichzeitig die Macht der eigenen Erotik zu erfahren, war ein allgemein bekanntes, spannendes Spiel. Was aber, wenn der Lehrer dies als Einladung verstünde?! So ist das selbstverständlich von den Mädchen nicht gemeint. Gerade im Schutz der Lehrer-Schüler-Beziehung besteht die Möglichkeit, die eigene Geschlechtlichkeit ohne Gefahr einzusetzen, weil der Lehrer sich darauf nicht einlassen darf. Hieraus wird ersichtlich, welch hohes Wissen und welch hohe Bewusstheit der Pädagoge im Zusammenhang mit der eigenen Sexualität haben muss.

Selbstverständlich braucht es auch bewusstes Wissen über die sexuell-erotische Entwicklung von jungen Menschen, damit man den auftretenden sexuell geladenen Situationen auch die richtige und angemessene Bedeutung geben kann. Das Experimentieren der Jugendlichen mit den erwachsenen Pädagogen im Umkreis der Findung einer sexuellen Identität ist etwas ganz Natürliches und kann, wenn es richtig verstanden wird, viel fruchtbare und unterstützende Entwicklung fördern. Nicht umsonst erproben die jungen Menschen ihre sexuellen Bewegungen, ihre Sehnsucht nach Verschmelzung und Verliebtsein mit Menschen, die kein Risiko im Nahkontakt darstellen. Mit Popstars z.B., auf die man seine Sehnsucht richten kann, weil sie so weit weg sind. Man muss keine Angst haben, dass etwas daraus würde oder dass es zu nah wird.

Während eines Besuches in einer Jugendherberge durfte ich Zeuge verschiedener Begegnungsspiele zwischen Jungen und Mädchen einer siebten Schulklasse werden. Die Jungen und Mädchen hatten großen Spaß an diesen sich ritualisierenden Begegnungen. Mit fortschreitender Stunde bekamen wir das Gespräch zweier Mädchen mit. Diese äußerten Bedauern darüber, dass nicht mehr wie früher Jungen und Mädchen auf getrennten Gängen schlafen, das hätten sie einfach als natürlichen, weil festgelegten Schutz empfunden. Ohne dass sie es direkt aussprachen, hörten wir heraus, dass sie sich nicht sicher waren, ob sie eine solche Grenze zu ihrem Schutz selbst aufrecht erhalten könnten, wenn die Jungen sie bestürmten. Es wurde die Ernsthaftigkeit der inneren Entwicklungs- und Suchbewegungen um Nähe und Distanz zum anderen Geschlecht in den aus- und vorgetragenen Spielen sichtbar. Es ging um oszillierendes Herausfinden des eigenen Standortes im Zusammenhang mit den erlebten Qualitäten von Neugierde, Angst, Sehnsucht, Begierde, Unsicherheit.

III. Freundschaft, Liebe, Partnerschaft

Als Mitarbeiter einer Psychologischen Beratungsstelle habe ich Jugendliche vor allen Dingen im Zusammenhang mit ihren Unzulänglichkeiten kennengelernt und erlebt. Meist wurden sie von sorgenvollen Eltern oder unzufriedenen Pädagogen geschickt.

Mit meiner Anstellung bei Pro Familia lernte ich als Sexualpädagoge eine ganz andere, neue Seite kennen, nämlich die der Wünsche, Hoffnungen und Sehnsüchte junger Menschen im Hinblick auf Verliebtsein, Partnerschaft und Liebe. Im einen Fall hatten die Jugendlichen die Tendenz sich zu verschließen, weil sie in einen aus ihrer Sicht sehr erwachsenen Anforderungsraum hineinwachsen sollen, der ihnen mit seinen Ansprüchen fremd bleibt oder sie überfordert. Im anderen Fall nahm ich ihre aktive Bereitschaft, Räume positiv in die Zukunft hinein vorauszugestalten, wahr, die zu einer inneren Öffnung führte, die als Neugierde und Erlebnisbereitschaft sichtbar wurde. Die Vorstellung, einen geliebten Menschen ganz nah bei sich zu haben, der einen versteht und unterstützt, macht zunächst einmal stark und wirkt berauschend. Ganz nah verknüpft ist mit der Idee der Intimität und Geborgenheit bei einem anderen, gleichaltrigen Menschen immer auch das Gefühl von wachsender Unabhängigkeit von den Eltern und der Bereitschaft, Verantwortung für sich selbst zu übernehmen.

Gleichzeitig eröffnet sich ein neuer Auseinandersetzungsraum im Umgang mit Nähe und den damit verbundenen Erwartungen des anderen an das Gegenüber, wie auch den Erwartungen an sich selbst und an den anderen.

Natürlich bilden sich in diesem entstehenden Binnenverhältnis auch schon bekannte familiäre Beziehungsmuster ab. Hier ist die Kunst gefordert, die es erst noch zu entwickeln gilt, sich von den alten eingespielten Lösungen zu verabschieden und neue kreative Beziehungsformen zu entdecken, die der neuen Realität des Gegenübers und auch der eigenen entsprechen.

Trotz gesellschaftlicher und persönlicher Vorstellungen ist es hier wichtig, sich gegenseitig das Experimentieren mit Nähe und Distanz, mit Misstrauen und Vertrauen, mit Kontrollieren und Fallenlassen zu erlauben, um zu einer eigenen innerlich getragenen und befürworteten Bewegung im Miteinander zu finden.

Selbstverständlich können in dieser Art Forschungslabor Schwierigkeiten und Konflikte nicht ausbleiben. Da ist es gut, wenn Jugendliche auf die Erfahrungsressourcen von guten Freunden über das Gespräch und den Austausch zurückgreifen können.

Es fordert den Jungen und Mädchen viel ab, offen damit umzugehen, dass Mann / Frau Schwierigkeiten im Umgang mit der großen Liebe hat. Die Neigung, darüber hinwegzugehen und die Verhältnisse schönzureden, ist enorm. Hineingedachtes Hindernis ist oftmals die Vorstellung, dass bei den anderen alles prima läuft.

Die selbstverständliche Berührung wurde nicht immer in der Familie gepflegt und von daher ist auch die Wahrnehmungsfähigkeit und Gestaltungsfähigkeit im Zusammenhang mit körperlicher Nähe oftmals nur schlecht ausgebildet. Die Frage bleibt ja auch, inwieweit die erotische Komponente in der Familie eine Rolle spielen muss und inwieweit sie vielleicht auch gar nicht aufgenommen werden darf.

Ich habe 15 Jahre lang angehende Physiotherapeuten unterrichtet, die sich mit großer Selbstverständlichkeit, das lag in der Natur ihres Ausbildungsgegenstandes, täglich nahe gekommen sind und sich berührt und behandelt haben. Für sie hat gemeinsame körperliche Erfahrung und Berührung Alltäglichkeitscharakter im guten Sinne bekommen. Deshalb war das Zurückschrecken der Patienten oder die Grobheit in der Wahrnehmung der Patienten bei den Schülern immer wieder von Irritationen begleitet.

Immer wieder kamen wir zu dem Schluss, wie ungeübt und erfahrungsarm die meisten Menschen in unserer Kultur im Zusammenhang mit tiefer, körperlicher Berührung sind. Auf diesem Hintergrund übt diese Art von sprachloser Begegnung durch das tiefe, ausgelöste

Körperempfinden bei den Jugendlichen nicht selten eine große Macht und Erfahrungsintensität aus, weil sie ganz plötzlich Sehnsüchte und Verschmelzungswünsche wecken kann, auf die sie nicht vorbereitet sind und für deren Umgang sie auch keine Instrumente zur Verfügung haben. Es eröffnet sich so ein ganz neuer Möglichkeitsraum, der zwar einerseits Nähe und Gleichklang schafft, der aber bei subjektiv erlebtem unterschiedlichem Tempo und unterschiedlich erlebter Intensität auch zum Auseinanderfallen des gemeinsamen Erlebens führen kann.

Im Grunde vollziehen sich zwei Entwicklungsstränge: Einerseits geht es um die Körperentwicklung und die möglichen erotischen Erfahrungsräume, die sich dadurch eröffnen und andererseits um die psychische Bewegung, die auf einer Absetzbewegung zu den Eltern und – leicht verzögert– zu anderen Erwachsenen gründet. Beide zusammen sollen in eine gemeinsame Entwicklung münden.

Hier widerstreiten vielerlei Gefühle. Kann ein Jugendlicher soweit Triebverzicht üben, dass er auf die bevorstehende Klassenarbeit seiner Freundin Rücksicht nehmen und seine Bedürfnisse nach Nähe und Verschmelzung zurückstellen kann? Hat sie Verständnis dafür, wenn er sich für einen Tag unpässlich fühlt und kein Begehren spürt oder nimmt sie das gleich persönlich und befürchtet, nicht genug erotische Ausstrahlung und Reizkraft zu haben? Vielleicht geht es ihm auch auf die Nerven, dass immer ihre Freundin dabei ist und dadurch intimere Begegnungen gar nicht möglich sind.

Ich selbst kann mich erinnern, wie sehr ich mich darauf freute, mit meiner ersten festen Freundin gemeinsam eine mehrtägige Fahrradtour zu unternehmen und erstmalig die Gelegenheit zum gemeinsamen Übernachten im Zelt zu haben. Wir hatten zwar im Vorfeld immer wieder einmal die Gelegenheit uns auf ihr Zimmer zurückzuziehen, erste vorsichtige Begegnungen zu suchen und Zärtlichkeiten auszutauschen, aber das war immer verbunden mit der Anspannung, ihre Mutter oder andere Familienmitglieder könnten hereinkommen. Insofern war es das erste Mal, dass wir vollkommen ungestört waren. Wie selbstverständlich nahm ich an, dass wir diese Gelegenheit nutzen werden, um miteinander zu schlafen. Ich habe allerdings in keiner Weise mit meiner Freundin darüber gesprochen oder gar erfragt, ob sie sich das auch vorstellen kann. Außerdem kam ich nicht auf die Idee mir wegen der Verhütung Gedanken zu machen. So war ich im ersten Moment recht sauer, dass sie diese Bewegung blockierte und uns auf das Streicheln beschränkte. Im

Laufe der Tage erfüllte mich aber auch das mit großer Freude und ich konnte das, was zwischen uns in dieser Situation möglich war, genießen.

Für junge Menschen ist es oft gar nicht einfach, den Vorläufigkeitscharakter des gemeinsamen Erprobens, den ihre ersten Begegnungen oft haben, und die Gleichzeitigkeit von Wünschen nach Sicherheit und Beständigkeit als offenes Spannungsfeld zu ertragen.

Es ist deshalb wichtig, dass Pädagogen und Eltern still im Hintergrund den Kontakt halten, die Bewegungen geistig unterstützen und quasi aus der Deckung Vertrauen und Sicherheit vermitteln – ohne Vorwurf. Es geht darum, das Versuchsfeld ganz grundsätzlich zu billigen, aber auch entstehende Reibungen aus Fürsorge heraus nicht zu vermeiden.

Selbstverständlich suchen Jugendliche immer wieder nach einer bestimmten Qualität des an sich Heranlassens von erfahrenen Erwachsenen. Sie schrecken allerdings zurück, wenn dann Ratschläge als Antwort kommen, wenn ungefragt Steuerung übernommen wird oder wenn sie das Gefühl haben, der Erwachsene will es besser wissen und will sie in eine bestimmte Richtung schieben. Sie brauchen stattdessen Erwachsene, die erst nur gedachte Räume von Handlungs- oder Haltungsmöglichkeiten mit ihnen entfalten, in die hinein sie sich eingeladen fühlen können. Aber sie brauchen die Gewissheit der Entscheidungshoheit und dass es niemand persönlich nimmt und womöglich gekränkt reagiert, wenn sie sich doch anders entscheiden. Schließlich müssen sie es ja letztendlich auch selbst tragen.

Einmal, so kann ich mich erinnern, hatte mein Sohn zwei Freunde zu Besuch und ich dachte, ich würde sie mit meinem Kuchen beim Computer spielen stören. Zwar klopfte ich an der Tür, machte diese aber mit dem Klopfen auch schon auf und war so recht überraschend damit konfrontiert, dass die Jungs gerade einen Hardcore-Porno miteinander anschauten. Da ich sofort spürte, dass es ihnen peinlich war, dabei überrascht zu werden, versuchte ich trotz eigener Unsicherheit, die Situation zu retten. Ich sagte so etwas wie: »Ganz schön heiße Bräute.« Und: »Darf ich euch Gesellschaft leisten?« Sie ließen mich tatsächlich teilhaben. Nach einer Weile hörte ich mich dann sagen: »Oh Gott, mir wird ganz schwindelig, irgendwie wirkt das auf mich abstoßend. Da sieht man ja nichts anderes als Geschlechtsteile, habt ihr keinen romantischeren Porno?«

Tatsächlich zappten die Jungs dann weiter zu einem Porno, dessen Handlung darstellte, wie ein Mann eine Frau in sein Auto einlädt und die

Frau durch sanfte Überredung Schritt für Schritt ihre Barrieren abbaut und sich zum sexuellen »Mittun« überreden lässt.

Zwei, drei Tage später habe ich meinen Sohn dann nochmals darauf angesprochen. Auf meine Frage, woher sie die Pornos haben, wurde deutlich, dass einer der Jungs sie seinem Vater entwendet hatte. Ich versicherte nochmals, dass das für mich okay ist und dass ich die Neugierde gut nachvollziehen kann. Ich offenbarte ihm auch, dass ich in seinem Alter die Pornohefte meines Vaters aus dem Nachttisch nahm, um meine Neugierde zu stillen. Gleichzeitig erklärte ich ihm, dass für mich sexuelle Erfahrungen immer im Zusammenhang mit Beziehungen stattgefunden haben, dass das auch etwas Verbindendes zwischen dem jeweiligen Mädchen / der jeweiligen Frau und mir geschaffen hat, was ich als sehr schön empfand und dass ich ohne dieses Gefühl das Ganze wohl nicht so aufregend und schön empfunden hätte. Dabei beließ ich es dann.

Während meiner Zeit als Sexualpädagoge bei Pro Familia wurde mir deutlich, wie wichtig es ist, die Jugendlichen nicht allein zu lassen. Gerade auch, wenn es um Verhütungsfragen geht und darum, wer in welcher Weise dafür Verantwortung trägt bzw. wer in welcher Weise dann die daraus resultierenden Folgen zu tragen hat. Hier sind vorgebahnte Handlungslandkarten ganz wichtig, um die jungen Menschen vor unheilvollen, zu früh abverlangten Verantwortlichkeiten zu schützen. Ein versachlichter Unterricht, der das Thema ganz aus dem Persönlichen herausnimmt und im Schulalltag verleugnet wird, ist dabei wenig hilfreich.

Irgendwann bin ich über die Bundeszentrale für gesundheitliche Aufklärung auf eine Filmreihe mit dem Titel »Der Liebe auf der Spur …« gestoßen. Obwohl die Reihe aus den Achtzigern stammt und insoweit auf die heutigen Jugendlichen etwas verstaubt wirkt, setze ich doch immer wieder einzelne Folgen gezielt ein. Es geht z.B. um die erste Periode, um das Verliebtsein, um Eifersucht und Liebeskummer, um Fremdgehen, um das unterschiedliche Erleben von Jungen und Mädchen, um gewollte und ungewollte Schwangerschaft, um Vorbildhandeln in Konfliktsituationen, auch werden verschiedene Altersgruppen in ihrem Ringen nachgezeichnet und es wird unausgesprochen ersichtlich, dass mit der Erfahrung auch die Möglichkeiten des Umgangs wachsen usw. Die Jugendlichen sind meist dankbar für die angebotenen Handlungsvorbilder, die in schöner Weise ihre eigenen inneren und äußeren Situationen widerspiegeln und möglichen Umgang damit wahlweise anbieten. Nachfolgend noch einige Fragen, über die es sich lohnt, sich gemeinsam mit den Jugendlichen, Gedanken zu machen:

Über mich und die anderen, die mir wichtig sind
- Ein guter Freund / eine gute Freundin ist jemand, der / die, …
- Enttäuscht wäre ich, wenn mein Freund / meine Freundin, …
- Was muss ein Mensch ausstrahlen, damit ich ihm vertraue?
- Woran erkenne ich, dass mich jemand mag?
- Woran erkenne ich, dass mich jemand nicht mag?
- Was darf ein Mensch, der mir wichtig ist, niemals machen?
- Worin können mich Freunde unterstützen?
- Woran erkenne ich, dass ich verliebt bin?
- Bei welchen Fragen / Problemen wende ich mich an meine Eltern?
- Gibt es noch andere Erwachsene, denen ich mich anvertrauen kann?
- Gibt es Dinge in meinem Leben, die ich mit niemandem besprechen kann? Die ich ganz mit mir allein ausmache?

Wer bin ich? Wie sehe ich mich selbst?
- Was mir an mir gut gefällt: …
- Was mir an mir gar nicht gefällt: …
- Wie sehen mich die anderen?
- Wie sieht mich die Gruppe? Aus der Sicht von … bin ich … (drei Menschen).
- Ich bin anders als du, du bist anders als ich, … (der beste Freund / die beste Freundin).
- In welchen körperlichen Merkmalen unterscheiden wir uns?
- Nenne drei gute und drei schlechte Eigenschaften von dir.

Was du magst, was du nicht magst
- Was machst du gern, was machst du nicht gern? Nenne jeweils drei Beispiele.
- Ich würde gern mehr dieser oder jener Verhaltensweise / Eigenschaft entsprechen …
- Hättest du gern einen eigenen Ort, an dem du ganz allein sein kannst?
- Versuche ihn dir vorzustellen und ihn aufzuzeichnen.
- Wen würdest du dorthin einmal einladen?
- Zeichne die Menschen und / oder Tiere auf, wenn du dich entschieden hast.

- Überlege dir Orte, an denen du mit Menschen zusammen bist (Bus, Klassenzimmer, Familie, Warteschlange, Kino, Wartezimmer, Schwimmbad, …) An welchen Orten findest du es schön, an welchen nicht?
- Gibt es jemanden, den du bewunderst und was bewunderst du an ihr oder an ihm?

Was ich brauche
- Fertige eine Zeichnung von Dingen, ohne die du nicht leben kannst und gruppiere sie um dein »Ich«. Der Abstand zum Mittelpunkt zeigt, wie wichtig der Wunsch oder das Bedürfnis ist (z.B. Fernsehgerät, Kuscheltier, Bücher, schmusen, reden, Skateboard, …).
- Male ein gutes Gefühl und ein schlechtes Gefühl aus der letzten Zeit, das du selbst hattest und erinnere dich daran, wobei das Gefühl entstanden ist.

Sie merken schon, wenn Sie das »Sein« der Schüler zum Dasein einladen, auch in der Schule, dann können Sie sich mit den Schülern auf eine Weise verbinden, die auch Energien für das gemeinsame Arbeiten freisetzt. Die Schüler fühlen sich dann eingeladen, sich als ganze Person einzubringen und sind nicht mehr nur in ihrer Schülerrolle mit Erwartungshaltungen konfrontiert. Dies fordert auf der anderen Seite allerdings die Pädagogen heraus, weil sie dafür ihre Rolle ebenfalls verlassen müssen – und das macht natürlich unsicher und manchmal vielleicht sogar Angst. Ich wünsche Ihnen den Mut für wenigstens kleine Ausflüge ohne Lehrerrolle, Sie werden sehen, Sie werden dafür reich belohnt.

IV. Das Einsiedlerkrebssyndrom

Als Familie haben wir viele Jahre auf der Insel Föhr (Nordsee) Urlaub gemacht und das Wattenmeer auf diese Weise durch und durch kennengelernt. Irgendwann ist mir die Parallele des Einsiedlerkrebses zur jugendlichen Lebenswelt aufgegangen und so habe ich angefangen auf Vortragsabenden mit diesem Bild zu spielen.

Der Einsiedlerkrebs ist ein schalenloser Krebs, der sich zu seinem Schutz leere Schneckenhäuser sucht. Natürlich sucht sich der kleine Krebs ein kleines Schneckenhaus. Wenn er dann größer wird, wird ihm dieses Schneckenhaus zu klein. Sicher zögert er den Umzug hinaus, solange er kann, aber irgendwann ist es endgültig zu eng geworden und er muss das geliebte und gewohnte Schneckenhaus verlassen, um sich ein neues Heim zu suchen, das ihm den notwendigen Schutz bietet. Das Schlimme dabei ist allerdings, dass er, wenn er das Schneckenhaus verlässt, nicht weiß, ob er ein passendes, neues Schneckenhaus findet, das ihm den erwünschten, geschützten Wiedereinzug ermöglicht.

In der Zwischenzeit, ohne Haus, ist er ein gefundenes Fressen für die Möwen, die den ganzen Tag nichts anderes tun, als die Ebbe abzuwarten, um nach ebensolchen ungeschützten Einsiedlerkrebsen zu suchen. Er ist ihnen, sollten sie ihn entdecken, schutzlos ausgeliefert.

Der heranwachsende Jugendliche spürt auch: Das Kindsein ist endgültig vorbei, es ist unaufhaltsam verloren. In den Momenten, in denen er sich dessen voll und ganz gewahr wird, fühlt auch er sich schutzlos ausgeliefert. So ist es ihm peinlich, dass alle seine Schutzlosigkeit unmittelbar miterleben können, sogar der kleine Bruder oder die kleine Schwester machen sich lustig.

Deshalb gibt es immer wieder Momente, in denen er das vergessen möchte oder sich am liebsten wenigstens verkriechen möchte, dass er vor den Augen der anderen wenigstens einen Moment geschützt ist.

Es ist so schwer, kein richtiges zu Hause mehr zu haben. Das eine bereits verlassen und das andere noch nicht gefunden zu haben oder zumindest im Neuen noch nicht das vorherige Gefühl von Sicherheit wiedergefunden zu haben.

Da spielt die 14-jährige Katalin an manchen Tagen noch mit Puppen, wie in alten Zeiten, aber wenn die Freundin ihres drei Jahre älteren Bruders zu Besuch kommt, dann sind die Puppen nirgendwo mehr zu sehen. Es würde sie beschämen, wenn dieses schon etwas ältere Mädchen sie mit diesem Kinderkram spielen sehen würde. Im Grunde will sie nach außen schon älter wirken, als sie sich innerlich fühlt.

Oder der 13-jährige Mark packt hin und wieder seine Cowboys und Indianer aus und bringt sie in Stellung und noch am gleichen Nachmittag trifft er sich mit Maike und startet erste Flirtversuche.

Plötzlich fangen die Kinder an, verstärkt über sich nachzudenken und auch darüber, was die anderen über sie denken. Sie fangen an, eine Haltung einzunehmen, zu dem, was man ihnen sagt. Sie befürworten es oder sie weisen es zurück bzw. lehnen es ab, was sie von uns über sich hören. Und das Nachdenken über sich selbst fängt schon sehr früh an.

Meine 12-jährige Tochter Emilia fragte mich vor kurzem z.B., was ich denke, was sie einmal werden wird. Ich sagte ganz spontan: »Du wirst bestimmt einmal in deinem Beruf mit Menschen zu tun haben. Ich sehe, dass dir das Zusammensein mit Menschen viel Spaß macht und dass es dir gut gelingt Menschen zu erreichen und von ihnen gemocht zu werden.« Dann überlegte ich eine Weile und ergänzte: »Und dann glaube ich noch, dass du später einmal Geschichten schreiben wirst.« Dazu muss man wissen, dass sie schon mit sieben oder acht Jahren angefangen hat, selbst Geschichten aufzuschreiben. Nach meiner Antwort schwieg sie eine kurze Weile, dann sagte sie zu mir, ich wäre schon der dritte Erwachsene, den sie jetzt gefragt hätte und alle hätten das Gleiche gesagt. Plötzlich lachte sie und fragte ganz verwundert, »Woher ihr das alle wissen könnt?« Damit ließ sie die Sache dann auch auf sich beruhen.

Für die Pädagogen ist an dieser Stelle wichtig zu wissen, dass »kein Haus mehr zu haben« ständige Bedrohungsimpulse auslöst, und wer sich bedroht fühlt, der wird manchmal zum eigenen Schutz auch sehr deutlich sehr aggressiv!

V. Drehbuchautor
der eigenen Lebensgeschichte werden

Nicht selten habe ich mit Jugendlichen und ihren Eltern zu tun, die sich ständig miteinander streiten und aneinander hochgehen. Sehr schnell komme ich mit ihnen an den Punkt, an dem sichtbar wird, dass sich die beiden Parteien Eltern und Jugendliche gegenseitig unterstellen, dass die anderen aus bösem Willen handeln. In solchen Situationen ist es meist hilfreich, wenn ich sichtbar mache, was sich in den Beziehungen zueinander im Moment vollzieht, nämlich dass dort grundlegende Veränderungen am Werke sind, die, wenn sie von den Eltern nicht erkannt werden, großen und bleibenden Schaden anrichten können. Ich sage dann immer, wenn die Kinder klein sind, sind sie darauf angewiesen, dass die Eltern allem, was sie mit dem Kind erleben, Sprache verleihen. Es sind die Eltern, die zunächst zum Ausdruck bringen, was das Wesen des Kindes ausmacht: »Er war immer still und brav wie ein Mädchen.« – »Er hat immer schon etwas mit sich allein anfangen können, hat gestrampelt und dabei gegluckst vor Freude.« – »Sie konnte brüllen wie am Spieß und man wusste ganz genau, was sie jetzt wollte.« Das sind natürlich nur einige Beispiele, die deutlich machen, wie die Eltern, mit der Art, wie sie wahrnehmen, mit der Art, wie sie Bilder für das Kind entwickeln im Zusammenhang mit ihrem eigenen Erleben, dem Kind und den Situationen mit dem Kind Bedeutung geben. Dabei haben sie natürlich auch ihre bevorzugte Brille auf. Das heißt, in die Wahrnehmung der Eltern schleicht sich von Anfang an auch eine Bewertung ein.

Die Kinder sind auf die Eltern angewiesen. Natürlich wollen sie es den Eltern recht machen und wenn die Eltern immer wieder bestimmte Dinge in und an ihnen entdecken, an denen sie sich dann auch noch erfreuen, versuchen die Kinder natürlich auch Situationen herzustellen, die zu ähnlichen Erfahrungen und Bestätigungen führen. Es ist in den meisten Fällen ja auch gut so, dass die Eltern die Welt des Kindes ausdeuten und seine Erfahrungen und Erlebnisse versprachlichen. Es ist auch gut, dass sie bestimmte Eigenschaften oder Wesenszüge aus ihm *heraus lieben*. Woher sonst, wenn nicht von den Eltern, sollen die Kinder wissen, wer sie sind, wer sie sein könnten, was sie ausmacht, was sie auszeichnet, wofür sie prädestiniert sind, was ihre Schwächen und Stärken sind, wie sie sich in bestimmten Situationen verhalten usw.?

Was sich dadurch aber eindeutig ereignet, ist, dass die Eltern zunächst einmal zum Drehbuchautor der Lebensgeschichte ihrer Kinder werden, rückwärts wie auch vorwärts. Sie kleiden das gemeinsam Erlebte ein in Zusammenhänge, schmücken es mit Bildern aus und entwerfen Bilder in die Zukunft hinein. Ob das Kind das will oder nicht, hier werden Bahnen des eigenen Selbsterlebens, aber auch des Handelns durch die Eltern gelegt oder zumindest nahegelegt, Lebensentwürfe vorgedacht und Wege vorgezeichnet. Dem Kind wird ein Eigenartenfeld oder auch ein Wesensfeld zugewiesen, auf dem es sich tummeln darf. In der einen Familie wird das offener formuliert, mit viel Spielraum und Abweichungsmöglichkeiten, in der anderen Familie wird sehr strikt verlangt, dass das Kind sich an die eingespielte Rolle, an die bereits gefundenen Bilder über das, was das Kind ausmacht, einfügen muss und es sind keine abweichenden Sprünge erlaubt.

Sicher kommen die Kinder auch schon vor der Pubertät in andere Verhältnisse, in andere Familien, in den Kindergarten, in die Schule, in Vereine, in die Nachbarschaft, zu Freunden der Familie etc. und selbstverständlich begegnen sie auch dort Bildern über sich selbst. Selbstverständlich trägt dieser sich erweiternde Rahmen dazu bei, dass die

Bilder der Eltern sich in der Realität abschleifen und zurechtstutzen und oftmals unzutreffende Wahrnehmungen von außen korrigiert werden. Trotzdem kommt es immer wieder vor, dass sich Festschreibungen bis in die Pubertät hinein erhalten.

Ich will Ihnen hier einige Beispiele aufzeigen: Ich kann mich an ein Arztehepaar erinnern, das mit ihrem 15-jährigen Sohn Ben zu mir in die Beratung kamen. Beide Eltern waren in einer familiären Tradition groß geworden, die es nahelegt, dass der Junge auch wieder Medizin studiert und Arzt wird. Denn über mehrere Generationen zurück sind alle Ärzte geworden. Deshalb haben sie ihn immer schon für diese Bereiche sensibilisiert und versucht ihn neugierig zu machen. So hatte er z.B. zum 12. Geburtstag eine Enzyklopädie des menschlichen Körpers auf CD-Rom mit den interessantesten 3D-Variationen geschenkt bekommen.

Immer schon hat die Arbeit der Eltern einen Platz gefunden, in den auch der Sohn thematisch eingebunden war, und immer schon bekam er Fragen gestellt, die ins Medizinische und Biologische gingen, und natürlich hat der Sohn sich dabei auch ein gewisses Spezialwissen angeeignet, das so bei anderen Kindern in diesem Alter nicht zu finden ist. Nun hat aber Ben schon zweimal wiederholt und die Befürchtung, dass es zu einer dritten Nichtversetzung kommt, war nicht ganz abwegig. Die Zukunftsbilder der Eltern für den Sohn waren stark infrage gestellt und erschüttert.

Diese Vorgeschichte war der Anlass, warum die Eltern gemeinsam mit ihm die Beratung bei mir aufsuchten. Sie fühlten sich zunehmend hilflos und spürten wohl unbewusst, dass der eingeschlagene Weg für ihren Sohn nicht zielführend zu sein schien. Aber mit dem bewussten Wollen formulierten sie mir gegenüber den Auftrag, doch bitte bei ihrem Sohn darauf einzuwirken, dass der Knoten endlich platzt, um ihn in die richtige Bahn zu bekommen.

Der Sohn kam dann zunächst einige Male allein zu mir und ich erlebte ihn recht wach in seiner Art, auch durchaus differenziert und sicher intelligent genug, das Gymnasium bestehen zu können. Meine Vermutung war, dass das Wiederholen des Sohnes nicht unbedingt an dessen begrenzter Leistungsfähigkeit liegen musste. Ich schloss nicht aus, dass sich dahinter eine Art passive Verweigerung verbarg, den Wünschen der Eltern gerecht zu werden.

Ich hatte damals in meinem Therapiezimmer eine große Werkbank stehen und darunter jede Menge Holzreste, entsprechendes Werkzeug zur Bearbeitung war in einem Hängeschrank vorhanden. Sofort machte sich Ben daran, sich Material auszusuchen und begann damit zu arbeiten.

Ich war überrascht, wie flink und zielgerichtet er das Holz bearbeitete und in welch wunderschöner Weise er das herausarbeitete, was er wollte. Im Gespräch stellte sich heraus, dass in der Nachbarschaft, nicht weit von den Eltern, ein Junge wohnte, mit dem er lange befreundet war und dessen Vater eine Schreinerei hatte. Offensichtlich hatte er dort oft Gelegenheit mit Holz in Berührung zu kommen und auch damit zu arbeiten. Sicher wurde ihm dort auch einiges gezeigt. Es war richtig spürbar, wie viel Spaß ihm diese Arbeit machte, wie er sich ganz mit seiner Aufmerksamkeit in diese Arbeit hinein versenken konnte und wie erfüllt er war, wenn ihm das gelang, was er sich vorgenommen hatte. Als er anfing mir zu vertrauen, äußerte er auch vorsichtig, dass er später vielleicht einmal Schreiner werden möchte.

Es war ein langer Weg, die Eltern mit diesen Wünschen so in Kontakt zu bringen, dass sie auch den Wunsch des Sohnes annehmen konnten. Es war für sie zunächst unvorstellbar, dass ihr Sohn ein Handwerker werden sollte. Sie sahen nur das, was er nicht konnte, im Hinblick auf ihre Vorstellungen, die sie für ihn hatten, und die Sicht auf das, was er konnte, war für sie ganz verstellt. Sie konnten ihn weder loben noch wertschätzen für seine Stärken. Nur langsam sickerte bei ihnen durch, dass auch der Beruf des Schreiners ein ehrenwerter Beruf ist, dass man sich auch in diesem Beruf weiterqualifizieren und weiterentwickeln kann, wenn man es möchte. Ben könnte z.B. noch eine Ausbildung zum Kunstschreiner darauf satteln oder sich auf Restaurationen spezialisieren, auch der Beruf des Architekten wäre als akademische Ausbildung im Anschluss denkbar. Außerdem ist das Handwerk überall auf der Welt gesucht und ein guter Schreiner findet auch überall auf der Welt einen Arbeitsplatz, selbst wenn er die Sprache des Landes noch nicht so gut kann. Auch könnte man später – mit entsprechenden weiteren Schulungen verbunden – an die Berufsschule als Lehrer oder in die Entwicklungshilfe gehen und sein Können anderen Menschen als Pädagoge weitergeben. Eigentlich schöne und vielfältige Aussichten.

Erst allmählich fingen die Eltern an, sich mit dem Drehbuch, das ihnen der Sohn für sein berufliches Leben vorgelegt hat, anzufreunden. Weil sie ihn sehr liebten, gelang es ihnen trotz alledem ihre eigenen Grenzen zu überwinden und mit der Idee warm zu werden. Selbstverständlich hat der Sohn ihnen dabei sehr versteckt zwar, aber doch sehr wirksam, geholfen.

Er hatte diese Idee zwar in Verbindung mit verschiedenen Erfahrungen, aber doch irgendwie aus sich selbst heraus unter Mühen und Schmerzen geboren. Schmerzen deshalb, weil er wenig familiäre Unterstützung erfuhr, verbunden mit viel *Nicht-gesehen-Werden*.

In einem anderen Zusammenhang habe ich im Rahmen eines Schulprojektes zum Thema Sucht (Wirtschaftskolleg) ein 17 Jahre altes Mädchen kennengelernt, das mich in der Pause ansprach und mit mir einen Spaziergang machte. Es ging ihr sehr schlecht, sie hatte viele Probleme mit den Eltern und zunehmend tatsächlich auch ein Drogenproblem. Ich vermittelte ihr einen Kontakt an die Erziehungsberatungsstelle, wo sie bei einem befreundeten Berufskollegen landete, bei dem sie sich wohlfühlte und auch Fortschritte der Stabilisierung machte. Dann allerdings war dieser Berater in einer Situation, in der sie in einer Krise war, im Urlaub und sie musste zu dessen Urlaubsvertretung gehen. Mit der Beraterin kam sie nicht zurecht und sie brach den Kontakt zur Beratungsstelle ganz ab. Weihnachten rief sie ganz verzweifelt bei mir an. Sie war mehr oder wenig psychotisch, sah drei Kapuzenmänner vor sich stehen, die sie ermunterten, sie solle sich umbringen, und die sie mit Messern bedrohten.

In den darauf folgenden Gesprächen, die sie mit mir führte, kam Folgendes heraus: Ich erfuhr, dass sie das Jüngste von vier Geschwistern ist, wobei das Zweitjüngste 15 Jahre älter ist als sie. Eigentlich hatten ihre Eltern die Kinderphase schon abgeschlossen, als sie sich noch einmal mit einer Nachzüglerin anfreunden sollten.

Leider blieben die Eltern vor lauter Schuldgefühlen in diesem Gefühl, dass sie das Mädchen nicht mehr wollen, stecken – allerdings ohne es ihr direkt zu sagen, sie spürte das einfach.

In einer Stunde erstellte ich dann mit ihr eine *Zeitlinie*. Dabei zeigte sich, dass sie im Alter zwischen ungefähr 3–5 Jahren ca. 30–40 Unfälle hatte.

Sie lief in ein Auto, rannte gegen die verschlossene Glastür, schnitt sich mit dem Messer, fiel vom Baum usw. Ich deutete ihr diese Unfälle als den Versuch ein braves Mädchen zu sein. Und erklärte ihr, dass Kinder sehr genau spüren, was ihre Eltern von ihnen wollen, sie hätten dafür sehr feine Antennen. Und natürlich wollen alle Kinder die Wünsche der Eltern erfüllen. In diesem Fall spürte das Mädchen, dass sie den Eltern eigentlich zu viel ist, dass sie den Eltern eine Last ist, dass sie ihr die Luft zum Atmen nicht gönnen. Ich sagte ihr auch, wie froh ich bin, dass ihr ernsthaftes Bemühen um ein Ende nicht geklappt hat.

Ich deutete ihr dann das Bild von den drei Kapuzenmännern als eine Fortsetzung der elterlichen Wünsche und dass es an ihr läge, ob sie dieses Drehbuch der Eltern, ein Kind zu sein, das nicht erwünscht ist, ein Leben lang fortschreiben möchte oder ob sie nicht besser anfangen will, ein eigenes Drehbuch für ihr Leben zu schreiben.

Ein Drehbuch, in dem es zu Begegnungen mit Menschen kommt, bei denen sie willkommen ist, die sie lieben und schätzen und denen sie etwas wert ist.

Ich zeigte ihr, dass alle Kinder in das Drehbuch ihrer Eltern hineinwachsen und dass das auch manchmal passende Drehbücher sind, an denen nur kleine Korrekturen vorgenommen werden müssen, aber dass auch die mit den kleinen Korrekturen zu einem eigenen Drehbuch finden müssen.

Gleichzeitig sagte ich ihr aber auch, dass es bei der Tragweite ihres Drehbuches sicher nicht ohne Hilfe gehen wird, sich und ihr Gewordensein *umzupolen*.

Sie ging dann für einige Monate in eine Psychosomatische Klinik und im Anschluss daran war sie über drei Jahre in ambulanter Psychotherapie.

Ich habe sie später zufällig wieder getroffen, da war sie kurz vor dem Abschluss des Studiums, hatte einen Freund und war mit ihm sehr glücklich.

Sie hat sich mit viel Anstrengung und Entschlossenheit zu einer erfolgreichen Drehbuchautorin für ihr Leben entwickelt. Sicher wird es da auch in Zukunft nicht nur schöne und glückliche, sondern immer wieder auch schmerzvolle und traurige Momente geben. Die Regie für das eigene Leben zu übernehmen ist eben kein Kinderspiel, sondern eine lebenslange Herausforderung. Es ist gut, wenn Pädagogen einen Blick für diese Aufgaben ihrer Schüler haben. Das Mitwissen und Mitfühlen hilft und bestärkt oftmals, auch ohne dass es ausgesprochen wird.

VI. Vorstellungen einer eigenen Lebenslandkarte entwickeln, die eigene Zukunft räumlich erfassen lernen

Normalerweise, wenn jemand ins Ausland fährt, nimmt er eine Landkarte mit, damit er sich unterwegs orientieren kann. Die Landkarte gibt eine Art Gesamtblick frei auf das Ganze, zeigt gleichzeitig zu jeder Zeit, wo man sich im Moment befindet und auf welchem Weg man den nächsten gewünschten Zielpunkt ansteuern kann. Wenn man sich verfahren hat, lässt sich anhand der Landkarte nachvollziehen, welche Strecke man genommen hat und wie man am besten dorthin zurückkommt, von wo aus man den roten Faden wieder aufnehmen kann.

Geht es nicht ums Ausland, sondern um die eigene Lebensperspektive mit ihren unterschiedlichen Entwicklungsabschnitten und Entwicklungsaufgaben, wird es schon etwas schwerer. Das Beste ist, man kennt Menschen im Nahbereich, die Entwicklungsräume, die man selbst noch nicht erschlossen hat, schon beschritten oder gar bewältigt haben. Wer wach und aufmerksam beobachtet, kann sich so verschiedene Bilder von Lebensphasen machen und für sich feststellen, worin in diesen jeweiligen Phasen die Chancen und auch die Risiken liegen.

Es würde sicher auch sichtbar werden, dass ganz unterschiedliche Komponenten ineinander verzahnt sind und voneinander abhängen. So ist Beziehung heute mehr *Aushandelsbeziehung* als Übernahme von tradierten Rollenmodellen.

Mann und Frau sind heute durch die Individuations- und Emanzipationsbewegung der Frau sehr viel stärker als früher dazu angehalten, aber auch von sich selbst aus ausgerichtet, in eigener Verantwortung für sich selbst die materielle Lebensgrundlage zu schaffen. Die politische Landkarte ist so angelegt, dass das Zu-Hause-Bleiben der Frau auf Lebenszeit kein tragfähiges Modell mehr ist, schon allein deshalb, weil die erarbeiteten Rentenansprüche des Mannes nicht mehr für zwei reichen. Die Frau ist politisch genötigt, eigene Rentenbeiträge zu leisten. Abgesehen davon führen die längere Lebenszeit (bei Frauen ca. 84,7 Jahre) sowie die geringere Anzahl eigener Kinder und die im Haushalt zur Verfügung stehenden technischen Unterstützungsmittel dazu, dass die tatsächlich notwendige exklusive Versorgungszeit, die sich im ausschließlichen Dasein für die Kinder ausdrückt, auf immer kleinere Zeiträume zusammenschrumpft.

Jedes junge Mädchen weiß heute, dass es ihrem Lebensentwurf nicht gut tun würde, vor Abschluss einer Berufsausbildung in die Elternphase einzusteigen, weil dies eine Abhängigkeit schaffen würde, die nicht mehr zeitgemäß ist. Vom brillanten Abitur des Freundes kann sich ein Mädchen heute nichts mehr abschneiden. Es ist wichtig, dass sie für sich selbst eine hoffnungsvolle Ausgangslage schafft, gerade auch in beruflichen Dingen. Andererseits sind große zeitliche Gestaltungs-spielräume entstanden. Wenn z.b. eine junge Frau heute mit 16 Jahren nach bestandenem Realschulabschluss eine Ausbildung beginnt, mit 19 Jahren diese Ausbildung abschließt, dann kann sie nach zwei oder drei Berufsjahren, in denen sie Sicherheit bei der Ausübung ihres Berufes gewinnt, sich bereits mit 22 Jahren für das Kinderkriegen entscheiden und für einige Jahre aus der Berufsarbeit verabschieden. Sie kann aber auch nach Mutterschutz und kurzer Erziehungszeit aufgrund der insti-tutionalisiert vorhandenen Betreuungsangebote bald ihre Arbeit wieder aufnehmen. Andere Paare werden die etwas größeren zeitlichen Spiel-räume während der Studienzeit zur Elternschaft nutzen. Wieder andere verschieben die Elternschaft nach Bachelor- und Masterstudiengang mit anschließendem Doktortitel auf die zweite Lebenshälfte und werden erst mit Ende 30 oder sogar noch etwas später Eltern werden. Andere wiederum entscheiden sich ganz gegen die Elternschaft und widmen sich ihrem Berufsleben.

Für Frauen spielt die Flexibilität ihres Berufes eine große Rolle. Für sie ist es heute oftmals wichtig, Beruf und Familie miteinander vereinen zu können. Sie wünschen sich eine Arbeitsstelle in der sie – organisch und familiengerecht – entstehende Freiräume in der Ver-sorgung mit abschnittsweisem Wiedereinstieg in die Arbeit verbinden können.

Für Paare ist es bei einer Scheidungsrate von über 30% auch wichtig Elternschaft und Partnerschaft als zwei getrennte Dinge zu verhandeln. Elternschaft hört mit der Beendigung der Partnerschaft nicht auf, sie ist vielmehr eine lebenslange Aufgabe und Paare tun gut daran, auch darüber eine Handlungslandkarte für den Ernstfall im Vorhinein zu entwickeln..

Moderne Landkartenentwürfe partnerschaftlich gelebter Elternschaft entwickeln dann z.B. Bilder wie diese: Beide sind Teilzeit berufstätig, beide tragen zum Erwerb und Auskommen bei, beide leisten aber auch Hausarbeit und Erziehungsarbeit. Viele Lebenslandkartenansätzen sind denkbar und die Auseinandersetzung damit macht sichtbar, wie eng Berufskarriere, Familienkarriere, Freizeitkarriere, etc. miteinander verzahnt sind und aufeinander wirken.

Wer Lebenslandkarten anlegen und ins Leben bringen will, benötigt Weitsicht, Vertrauen, Reflexionsfähigkeit, Selbstbewusstsein, Flexibilität, langen Atem, Standvermögen, Neugier, Gestaltungsbereitschaft, Urteilsvermögen, vergleichendes Bewusstsein, Wahrnehmung der gesellschaftlichen Verhältnisse, Fähigkeit zum Probehandeln, kritische Distanz (nicht alles, was einem möglich ist, ist auch gut), gesunden Biss usw.

Es sollte Aufgabe begleitender Pädagogen sein, der nachwachsenden Generation die dargestellten Fähigkeiten und Instrumente zu vermitteln, sie bei diesen Herausforderungen zu unterstützen. Vorausgedachte Lebenslandkarten dürfen dabei nicht statisch vorgestellt werden, sondern sind ständig Einflüssen und damit Veränderungen ausgesetzt.

So kannte ich ein 12-jähriges Mädchen, das voller Freude an der Welt sich und seine Möglichkeiten genoss. Sie war Klassenbeste, war Klassensprecherin und hatte in einem größeren Kreis von Freundinnen einen erfüllten Platz, der sie mehr als nur zufrieden machte. Die Mutter war Lehrerin, der Vater in verantwortlicher Position eines großen Unternehmens. Der große Bruder hatte gerade Abitur gemacht und sie hatte das gleiche Ziel. Sie glaubte an sich und vertraute den Eltern. Durch den Aufenthalt im Skischullandheim wurde ihr Leben in andere Bahnen gelenkt und sie verlor die Orientierung: Lehrer und Schüler sind trotz aufkommenden Sturmes, den sie leider nicht rechtzeitig bemerkten, in die offenen Skilifte gestiegen, um nach oben zu fahren. Die Fahrt, die sonst 10 Minuten dauerte, benötigte nun über 45 Minuten. Das Mädchen beschrieb mir im Nachhinein beim erneuten inneren Aufsuchen der Situation die hin und her schwankenden Sessel, die die Angst des Herausfallens und des Sich-nicht-mehr-halten-Könnens auslösten. Sie bekam Angst zu sterben und fraß den Schrecken in sich hinein. Es war für sie große Kraftanstrengung notwendig, um zu überleben. Der Schreck fuhr ihr in die Glieder und sie wurde stumm vor Angst. Andere Kinder schrien lauthals. Die Lehrer tauschten am Abend ihre Betroffenheit untereinander aus und sprachen sich gegenseitig Trost zu. Mit den Kindern sprach niemand und am nächsten Tag sollten sie, als ob nichts geschehen wäre, wieder auf den Berg, um erneut mit den Skiern abzufahren.

Das Mädchen wagte sich nicht zu widersetzen. Unglücklicherweise folgte direkt auf das Skischullandheim eine Skiausfahrt mit der Jungschargruppe und am Wochenende darauf mit der Familie. Das unter Schock stehende Mädchen wurde in seinem erlebten Trauma weder von den Lehrern noch von den Jungscharleitern noch von den Eltern erkannt und es kam zu einer Verschleppung und Verfestigung der eingefrorenen Angstreaktion. Anschließend verweigerte sich das Mädchen dem Schulbesuch. Schon nach wenigen Wochen empfahl die Rektorin den Eltern einen Schulwechsel. Die Eltern kamen in Not und operierten in ihrer Verzweiflung mit Druck und Erpressung in Bezug auf das Kind, was wiederum die innere Notsituation des Mädchens verstärkte.

An diesem Beispiel wird sichtbar wie ein Kind mit natürlicher, kindlicher Selbstverständlichkeit den Eltern und Erwachsenen und den von ihnen transportierten Werten vertraut und darauf seine eigene Lebenslandkarte gründet. Weil die Eltern viel wissen und bis dahin immer zu ihrem Besten gehandelt haben und sie immer unterstützten, wuchs daraus ein natürliches Vertrauen auch in das Leben.

Mit einem Mal verlor das Kind nun das Vertrauen in die Menschen, denen es sich bisher blind und rückhaltlos anvertraut hat. Die Erfahrung des Alleinseins in höchster Not warf sie aus der Selbstverständlichkeit, sich den Eltern vertrauensvoll zu überlassen. Der Druck der Eltern, in die Schule zu müssen, führte zum Verlust des vorgedachten Weges der Eltern und ließ sie auf einen Schlag die Kindheit als Lebensraum verlieren.

Das geschützte und unbedachte Eingebundensein wurde plötzlich abgelöst von kritischer und ängstlicher Distanz zu den Erwachsenen und weckte Gefühle des Getrenntseins, des Auf-sich-selbst-Gestelltseins, des Allein-gelassen-Seins usw.

Das Kind musste plötzlich wie ein Jugendlicher über sein Leben nachdenken und war doch auf diese Art reflexiven Nachdenkens noch nicht vorbereitet. Es *hechelte* subjektiv betrachtet hinter der durch äußere Umstände ausgelösten inneren Entwicklung her und musste im Schnelldurchgang nachreifen, um unter den veränderten Vorzeichen eine neue Landkarte zu kreieren, um die Orientierung und Sicherheit zurückzugewinnen. Auf dem Weg dahin durchdachte sie für sich, überhaupt nicht mehr zur Schule zu gehen. Sie wollte stattdessen ein Praktikum im Kindergarten machen. Ihre Idee war Erzieherin zu werden ohne Ausbildung. Das Zulassen dieser Bilder in der Therapie führte zu der Möglichkeit, über die Realitäten zu sprechen, die sich auf dem Weg der Verwirklichung auftun. Dabei wurde ihr selbst klar, dass das in Deutschland nicht möglich ist. Ihre eigenen Gedankenkreise führten so zurück zum Trauma und der Notwendigkeit sich diesem zu stellen, um zu einer Landkarte zu kommen, die weiterführt. Sie wechselte dann vom Gymnasium auf die Realschule.

Was bedeutet das für Sie als Lehrkräfte bzw. Pädagogen? Ich glaube, dass, wenn Schule ein Lernen für das Leben ist, eben auch in der Schule darüber gesprochen und nachgedacht werden muss. Im Geistigen Bildentwürfe zu kreieren für ein künftiges eigenes Leben, die verschiedenen Zusammenhänge zu berücksichtigen, halte ich für lebensnotwendig. Auch braucht es Anleitung und Unterstützung dabei, wie diese Bilder dann ins Leben finden können. Langer Atem, Durchhaltevermögen, Vertrauen, Hoffnung, tragende Wurzeln, Sinnerfüllung sind hier zentrale Stichworte, wenn es gelingen soll. Es ist also notwendig, neben dem Implementieren von ehrgeizigen Zielen auch mit dazu beizutragen, dass Kinder ihre Wurzeln im Sein, hin zu den Lebenskräften und Lebenswurzeln, aus denen wir im Notfall und auch sonst schöpfen können, pflegen und hüten.

VII. Bastel-Biografie und Selbstbildung – Biografieerwartung

Junge Menschen sind einerseits ganz gefangen im Hier und Jetzt ihrer körperlichen und psychischen Suchbewegung, erfüllt von inneren Bewegungen zu sich selbst hin, aber auch von Bewegungen hin zum anderen Geschlecht. Das ist aufregend und spannend und braucht nichts über den Augenblick hinaus. Und trotzdem findet parallel dazu ein Suchen nach Zukunftsbildern statt. Der junge Mensch bildet quasi nebenher Entscheidungs- und Suchräume aus, die seine Zukunft vorausgestalten. Er bastelt an möglichen Zukunftsidentitäten und überführt sie Schritt für Schritt ins Leben. Er findet hierfür unterschiedlichste Vorbilder im echten, leibhaftigen Leben, aber er stößt auch auf medial erzeugte Handlungsvorbilder, sei es nun über Kino, Fernsehen oder Bücher, über Video oder über Internetforen. Er erprobt selbst ausgedachte Identitäten wie Kleidungsstücke und spürt die jeweiligen Rollen des Probehandelns auf ihre Wirksamkeit gegenüber Dritten ab. Er lernt zu erkennen, dass er, wenn er sich cool gibt, vielleicht eine besondere Außenwirkung erzeugt, dass bestimmte Mädchen nun besonders auf ihn achten, aber er erkennt vielleicht auch, dass so eine Rolle Erwartungen weckt, die nachher auch eingelöst werden wollen. Was dann sehr anstrengend sein kann. Außerdem kann über eine solch vorgespielte Rolle das Gefühl entstehen, sich nicht gemeint zu fühlen, außen vor zu bleiben usw.

Im Laufe des unterschiedlichsten Erprobens merken die Jugendlichen vielleicht, dass nicht alles, was sie gern sein wollen, von ihnen ausgefüllt werden kann. »So witzig wie mein Freund Kai werde ich sicher nie werden.« Es beginnt über das Erproben und die damit verbundene Auseinandersetzungsspannung des Wollens und Sein-Könnens, die Einsicht, dass es doch bestimmte Grundgrößen gibt, die mich ausmachen. Auch bestimmte Lifestyle-Ansprüche führen zu bestimmtem hoch motiviertem Einsatz, ohne den sich die Ansprüche nicht einlösen lassen.

Also vielleicht doch lieber etwas von den Ansprüchen absenken, weil man auch eine bequeme Seite hat und nicht seine ganze Energie ins berufliche Fortkommen investieren will? Manchmal sind es auch die Biografieerwartungen der anderen an uns, von denen wir uns abgrenzen müssen und die zu einer Präzisierung unserer eigenen angelegten Tendenzen führen. Viel Geld verdienen, Macht haben, Einfluss haben, ein schönes Leben haben, Abitur machen – um es einfacher zu haben, die Welt zu retten, es genauso zu machen wie die Eltern, es ganz anders zu machen wie die Eltern, sich treiben zu lassen, sich Zeit zu lassen, keine Kontur zu finden, zu früh Kontur zu finden, seinen Weg zu korrigieren wollen / müssen ... Grundsatz ist: Die eigenen Fähigkeiten, Stärken und Schwächen, wie auch die Gegebenheiten dabei berücksichtigen und sie in die Planung einbeziehen.

Manchmal haben die jungen Menschen schon das Vermögen der gesunden und realistischen Selbsteinschätzung, manchmal müssen sie auch erst erfahren, dass sie sich etwas vorgenommen haben, was sie nicht ausfüllen können oder wollen.

Wer nichts wagt, der nichts gewinnt, ... ist meist ihre Devise. Oder sie trauen sich nichts und trauern später über verpasste Gelegenheiten.

Eine Ausbildung anfangen, sie wieder abbrechen, noch eine Ausbildung machen, sich doch noch für ein Studium entscheiden, das alles ist heute möglich, wenn Eltern es mittragen usw. So hatte ich einen jungen Mann, 11. Klasse, bei mir in Beratung, der immer wieder laut darüber nachdachte die Schule hinzuschmeißen, weil er sich gegängelt fühlte, aus seiner Sicht viel unnützes Zeug lernen musste usw. Er fühlte sich vor allen Dingen viel zu eng und kontrollierend geführt in der Schule.

Der junge Mann machte zeitgleich viel mit Musik, lernte verschiedene Instrumente spielen, experimentierte mit Computermusik, traf sich mit verschiedenen Freunden zum Musik machen, brachte mit einem anderen jungen Mann eine CD heraus usw.

Hier strukturierte er ganz eigenständig mit den anderen zusammen die Arbeits- und Experimentierräume. Wenn sie Lust hatten, arbeiteten sie 16 Stunden am Stück und dann wieder einige Tage gar nicht. Ihm gefiel dieses selbstbestimmte Arbeiten und er erfreute sich an seinem Durchhaltevermögen und an seinem langen Atem.

In den Gesprächen begleitete ich ihn auch auf seinen Gedankenreisen aus der Schule heraus. Es wurde deutlich, dass man es ohne Abschluss bei uns in Deutschland schwer hat, aber dass es nicht unmöglich sein muss, wenn er Unterstützung bei seinen Eltern findet. Dann kam er irgendwie mit dem Berufsbild des Mediengestalters für Bild und Ton in Kontakt. Ob das etwas für ihn sein könnte?

Wie der Zufall es manchmal will, hatte er kurz darauf eine Freundin, die diese Ausbildung machte und er sah, wie wenig Spielraum da ist, wie viel Vorgaben sie hatte, und es wurde ihm klar, dass er nicht nur Ausführender für andere sein wollte, sondern selbst konzeptuell seine Arbeit vorbereiten möchte. Irgendwann sagte er: »Ich weiß zwar noch nicht genau, was ich einmal machen werde, aber ich weiß, dass ich mir eine Festanstellung, bei der man eine gewisse Zeit absitzen muss, nicht vorstellen kann.« In weiteren Gesprächen wurde deutlich, dass er für dieses Ziel wesentlich mehr Energie aufwenden musste, als wenn er in eine vorbereitete Berufshülse hineingewachsen wäre. Aber das war er bereit in Kauf zu nehmen und er war zuversichtlich, es schaffen zu können. Er hatte Vorbilder in seinem Umfeld, die sich auch selbstständig gemacht hatten und damit Erfolg hatten.

Das Selbstkonzept eines in einer ersten Partnerschaft verletzten Mädchens lautete: Nie mehr Beziehungen. Ich werde allein leben, ich werde mich nie mehr so verletzen lassen!

Ich glaubte es ihr und nahm sie sehr ernst. Ich konnte ihre Gefühle in diesem Moment gut verstehen. Ihr zu sagen, warte es ab, hätte sie eh nur gekränkt und sie hätte mich als überheblich empfunden. Doch offensichtlich verwandelten sich die Vorstellungen vom Alleinleben allmählich, denn als ich sie ein paar Jahre später wieder traf, stellte sie mir ihren Verlobten vor, was mich sehr für sie freute.

Es wird deutlich, immer wieder die Richtung zu wechseln, aufgrund von Ereignissen, sein Leben neu zu denken und es einer erst nur gedachten Veränderung zu unterziehen, ist etwas ziemlich Normales im Jugendalter und gehört einfach dazu.

Ich behaupte sogar, dass auch nur, wer in dieser Weise geübt ist, in der modernen Welt noch zurechtkommen kann. Immer wieder wird es Brüche und Veränderungen geben, die uns zwingen oder auffordern, uns ein neues Selbstkonzept zu schmieden und unsere Biografie neu zu denken und ins gelebte Leben zu holen.

Gesund ist und bleibt das Ganze aber nur, wenn es sich an der Wirklichkeit messen lässt und die eigenen Grenzen und Möglichkeiten sichtbar werden.

So hatte meine Tochter Emilia eine Phase, in der sie wollte, dass ich ihr eine Sendung aufnehme, in der es um Wettbewerb von unterschiedlichsten vorausgewählten Sängerinnen und Sängern ging, deren wiederum ausgewählte Beste eine Band zusammen bilden sollen. Sie war ganz beschwingt von der Vorstellung, bei diesem Wettbewerb mitzumachen und ich sah mich genötigt, sie zu fragen, ob sie ihre Stimme in diesem Rahmen für konkurrenzfähig hält – was ihre Freude schon etwas milderte. Als ich ihr dann vorschlug, wenn sie es ernst meinen würde, würde ich ihr Gesangsunterricht bezahlen, und ihr dann auch gleich jemanden nannte, der sie darin unterstützen könnte und dass ich den auch schon gefragt habe, da wurde sie sehr viel leiser. Es war klar, dass sie diese Art von Einsatz nicht bringen mochte. So begann eine neue Staffel und sie freute sich schon darauf, aber sie wusste auch, dass ihre Talente woanders liegen.

Arbeit an der selbst gebastelten Biografie ist kein Spaziergang, sondern braucht eine dauerhaft brennende Flamme, die Gewordenes abschmilzt und verflüssigt, aber immer auch wache Aufmerksamkeit. Helfen wir den Jugendlichen dabei, sich in diese Verbindlichkeit sich selbst gegenüber zu begeben und lernen wir es aushalten, wenn die Bewegungen einmal ziellos wirken und uns um einen guten Ausgang bangen lassen. Diese Dinge müssen mit in den Unterricht hineingeholt werden, wollen wir die Aufmerksamkeit und das Interesse unserer Schüler gewinnen. Gut ist es, wenn wir den Jugendlichen diesbezüglich einiges zutrauen, ihnen vertrauen können. Noch besser ist es, wenn wir ihnen daneben Handwerkszeug vermitteln, mit dem sie ihre Biografie immer wieder neu erfinden und gestalten können.

Im Übrigen können wir dabei selbst etwas lernen. Wir Erwachsenen

fangen an uns einzurichten, uns in Sicherheit zu wiegen, und vergessen manchmal die Binsenweisheit, dass das Leben lebensgefährlich ist.
Indem wir uns mit den jugendlichen Schülern verbinden und uns für
sie interessieren, können wir uns selbst im Wach-und-flexibel-Bleiben
üben, ohne dass wir uns gleich in jugendlichen Eskapaden ergehen
müssen.

VIII. Wissens- und Erfahrungsteilhabe an der (späteren) Erwachsenenverantwortung

Immer wieder werde ich als Referent bzw. als Moderator zu Veran-
staltungen eingeladen, bei denen Eltern und Jugendliche aufeinander
treffen.

Ein wichtiges, dabei gleichzeitig aber immer auch brisantes Thema
ist, wie werden Jugendliche auf das künftige, eigenständige Leben von
ihren Eltern und den Lehrern vorbereitet? In welcher Weise wird ihnen
Verantwortung so übertragen, dass sie später, wenn sie selbstständig
leben, auch wieder eins zu eins umgesetzt werden kann? Wenn ich
danach frage, was Jugendliche zu Hause selbst erledigen müssen, welche Aufgaben ihnen ganz übertragen sind, herrscht meistens großes
Schweigen. Einerseits ärgern sich die Eltern, dass ihre Jugendlichen zu
Hause gar nichts bis wenig tun, andererseits muten sie ihnen aber auch
nur ganz wenig zu und das meist auf wenig altersgemäße Weise.

Wenn man die Jugendlichen fragt, ob sie sich denn auf ihr späteres
Leben gut vorbereitet fühlen, wenn ihnen alles abgenommen wird, dann
herrscht zunächst auch Stille, meist lächeln sie vor sich hin und wenn
ich dann nachbohre, bekennen sie freimütig, »Wir haben halt auch eine
bequeme Seite und wenn wir können, dann drücken wir uns natürlich
vor irgendwelchen Arbeiten.« Greift man an dieser Stelle die Aussa-
gen auf und gibt sie noch einmal an die Eltern, dann höre ich meist:
»Na ja, wir wollen ihnen halt für die Schule den Rücken frei halten. Sie
werden dort heute so gefordert, dass wir oft fast ein wenig Mitleid mit
ihnen haben. Außerdem ist es ja auch in unserem Interesse, dass sie
gute Noten mit heimbringen.« Auf Rückfragen, ob dieser scheinbare
Zusammenhang tatsächlich auch greift, ob die Schonung der Jugendlichen tatsächlich automatisch zu guten Noten führt, kann das natürlich
von niemandem bestätigt werden.

Steigen wir gemeinsam tiefer in die Materie ein und gehen den Alltag miteinander durch, dann ist es nicht nur so, dass die Jugendlichen kaum gefordert werden, sondern dass sogar alltägliche Aufgaben abgenommen werden. Da werden 17-Jährige noch geweckt, als ob sie keinen Wecker hätten, da steht der fertig gedeckte Frühstückstisch bereit, bei manchen sind sogar schon die Brote oder die Brötchen bzw. das Müsli gerichtet. Nicht immer, aber auch nicht gerade selten, wird beim Weggehen alles stehen gelassen, wo es ist.

Wer von den Jugendlichen muss wirklich regelmäßig im Haushalt putzen, z.b.: das Bad, die Toilette, die Küche, das Treppenhaus, das Wohnzimmer usw.?

Wer hilft wirklich regelmäßig im Garten, im Haus, beim Straßenkehren, beim Einkaufen, beim Autowaschen, beim Reparaturen durchführen usw.?

Es gibt sie tatsächlich, die Jugendlichen, die mehr oder weniger regelmäßig mithelfen dürfen, aber die meisten sind von solchen Aufgaben entbunden und werden nur sporadisch hinzugezogen.

Die Eltern beklagen sich darüber, dass das Dranbleiben und Einfordern oftmals anstrengender ist als das Selber-Tun, was dazu führt, dass sie es tatsächlich auch reflexartig selbst machen.

Verstehen Sie mich jetzt bitte nicht falsch, ich beschreibe alltägliche, ritualisierte – und damit allgemein akzeptierte – Umgangsformen in der Familie und ich tue das ohne Vorwurf. Natürlich ist das auch schön, die eigenen Jugendlichen zu verwöhnen, ihnen etwas Gutes zu tun, den Frühstückstisch vorzubereiten etc. und natürlich dürfen die Jugendlichen das auch genießen. Die Frage ist aber, ob wir ihnen damit, wenn es sich durchzieht, wirklich einen Gefallen tun?

Wenn ich frage, wer denn von den Jugendlichen seine Wäsche selbst wäscht, bekomme ich selten ein Handzeichen. Nein, auch das übernimmt in den meisten Fällen immer noch die Mutter. Frage ich nach, ob das zu schwer ist, erfahre ich, dass die technisch Versierteren sowieso die Jugendlichen sind, daran kann es also nicht liegen.

Meist kommt dann das Argument, dass die Wäsche von allen zusammen gewaschen wird und dass es nicht wirtschaftlich wäre, dies zu trennen. Auf meine Frage, ob die Jugendlichen so wenige Kleider haben, dass sie damit keine Waschmaschine füllen könnten, höre ich jedenfalls nie ein eindeutiges Ja. Treffe ich dann doch auf einen Jungen oder ein Mädchen, die selbst waschen, dann ist stille Bewunderung im Raum, fast

Ehrfurcht, zumindest bei den Jugendlichen. Die Eltern reagieren eher mit: Was sind denn das für Rabeneltern, dafür sind Eltern doch da. Oder es wird ausgeschmückt: Meiner kann seine benutzten Taschentücher ja noch nicht einmal heraustun, bevor er die Hose in den Wäschekorb wirft. Oder: Das würde mir gerade noch fehlen, dann wird Weiß- und Buntwäsche in eine Maschine gesteckt oder zu heiß eingestellt und hinterher können wir die Wäsche wegwerfen oder alles riecht nach Strümpfen. Sicher alles Argumente, die greifen, wenn jemand damit anfängt, ohne eingewiesen zu werden. Andererseits – haben wir nicht alle schon einmal, auch wir Erwachsenen, ein Kleidungsstück dazwischen gehabt, was da nicht hinein gehörte?

Wenn dann gemeinsam Situationen aufgesucht werden, in denen es darum geht, dass Eltern versucht haben, ihre Jugendlichen dazu zu bewegen, etwas zu tun, fällt auf, dass die Eltern oft sehr eng fordern und genaue Vorstellungen haben, wann es zu geschehen hat und auch wie es zu geschehen hat. Es wird also in die Aufgabe wenig Spielraum zur Selbstgestaltung mit hineingedacht, sodass die Jugendlichen die Art der Aufforderung meist schon als Gängelung empfinden. Es geht dann gar nicht darum, dass sie das Tun verweigern wollen, sondern dass die Art, wie das Tun eingefordert wird, bereits ihren Widerstand auslöst.

Mein Sohn Paul, der heute 19 Jahre alt ist, hat auf meine Klage hin, dass er sich phasenweise überhaupt nicht in den Haushalt einbringt, gesagt: »Dann sag mir halt, was ich machen soll.« Das war meist ein Anlass für eine Diskussion, die in die folgende Richtung führte: Ich sagte ihm, dass ich es dann gleich selber machen kann, wenn ich sowieso die Verantwortung dafür, dass es gemacht wird, bei mir behalten muss. Dass ich mir wünsche, dass ich diese Verantwortung irgendwann einmal mit ihm teilen kann und er lernt zu sehen, was zu tun ist und das auch mal ungefragt übernimmt.

Was er nie bestritten hat ist, dass es ein schönes Gefühl ist, wenn man von sich aus eine Aufgabe für alle übernommen hat und das von den anderen wahrgenommen und gewürdigt wird. Heute ist es tatsächlich so: Wenn wir allein zum Mittagessen verabredet sind und ich komme später als er, dann fängt er einfach schon mal an zu kochen und ich umgekehrt natürlich auch.

Es ist also wichtig, – auch wenn das vom Prozess her jahrelang dauert, bis sich das Mithelfen und die Übernahme von Mitverantwortung einspielen –, dass Eltern ein Bild davon haben, in welcher Weise die

Jugendlichen Verantwortung übernehmen sollen, wie es sein muss; dass sie das Gefühl haben, sie sind hineingewachsen in diese Verantwortung und sie können darauf vertrauen, dass sie *da draußen* zurechtkommen. Ist das ein sinnvoller Anspruch, dass sie dahin kommen sollen, es selbst zu tun, unaufgefordert, aus eigenem Antrieb?

Da ich junge Erwachsene begleitet habe, stoße ich immer wieder auf Probleme im Bereich der Selbstordnung, die die jungen Menschen quälen. Wenn die elterliche Ordnung aufgezwungen wurde, es keinen Spielraum mit Ordnung und Unordnung zyklisch umzugehen gab, dann haben die jungen Menschen zu Hause zwar funktioniert, aber nicht wirklich zu einer eigenen inneren Haltung von Ordnung gefunden. Sie lassen sich dann hängen, verwahrlosen, stauen es auf, weil sie die Erfahrung nicht kennen, was das sofortige Abarbeiten ausrichtet, dass es ein gutes Gefühl macht und auch weniger Zeit kostet. Sie holen die Erfahrung nach, warum es Sinn macht, eine gewisse Ordnung zu halten bzw. eine bestimmte Ordnung für sich zu finden. Es ist aber schwierig, wenn ich eigentlich alle Kräfte für das neu aufgenommene Studium, die Ausbildung, den Beruf brauche, plötzlich etwas lernen zu müssen, was ich eigentlich schon können sollte.

Wenn ich immer geweckt wurde, mich niemals jemand hat verschlafen lassen oder das Aufstehen nie ganz in meine Verantwortung gelegt wurde, wie soll ich es können, wenn ich es dann plötzlich doch selbst tun muss? Es ist, als ob man fünf Dinge nun gleichzeitig lernen muss. Man hat das Gefühl sich nicht gut vorbereitet zu haben und in etlichen Bereichen nachreifen zu müssen und das in einer Situation, die sowieso schon ein Vielfaches mehr fordert als der vertraute und eingespielte Alltag zu Hause bei den Eltern, in dem man gerade noch gelebt hat.

Zur Selbstordnung gehört auch ein angemessener Umgang mit Geld: Selten wissen die Jugendlichen ganz konkret, was ihre Eltern verdienen. In unserem Land wird aus dem Verdienst ein großes Geheimnis gemacht. Sie wissen ebenso nicht, was das Leben kostet. Sie haben oft keine Ahnung, wie viel die Eltern für das Haus / die Wohnung abbezahlen, was das Haus / die Wohnung an Miete kostet, wie viel Nebenkosten zusammenkommen, was ein Auto im Unterhalt kostet, welche Versicherungen die Eltern abgeschlossen haben, was sie alles vorbeugend tun, um die Familie abzusichern.

Oft sind die Jugendlichen ganz ohne Kenntnis all dieser Dinge, auch deshalb, weil sie in den Zusammenhang dieser Aufgaben gar nicht eingebunden werden. Meist verlassen sie den elterlichen Hausstand und fangen bei Null an.

Eine heute 70 Jahre alte Freundin hat mir gezeigt, wie man es anders machen kann: Sie war über viele Jahre alleinerziehend und hat als Sozialpädagogin in Teilzeit nie Reichtümer verdient. Je älter die Kinder wurden, desto mehr haben sie gefordert und alles Erklären hat nicht gefruchtet. Da hat sie damals beschlossen, ihr Nettoeinkommen durch drei zu teilen und jedem ein Drittel zu überweisen. Dann hat sie den Kindern die Festkosten offengelegt und ihnen damit errechnet, welcher Betrag jeden Monat schon ausgegeben ist und verlässlich auf das gemeinsame Konto überwiesen werden muss, damit die Familie nicht in Schwierigkeiten kommt. Ob die Kinder dann ihr Geld für Kleidung, Schul- und Lernmittel, für Cafés oder für die Anschaffung bestimmter Dinge ausgegeben haben, überließ sie ihnen selbst. Das ist durchaus ein rigoroses Vorgehen, aber es folgt doch auch dem Prinzip *Learning by Doing*. Beim Auszug findet der gleiche Prozess statt, nur dass er dann ganz ohne Möglichkeit der Rückfrage, ohne sanfte Korrekturvorschläge erfolgt.

Auf der einen Seite überschätzen wir die Selbststeuerungsfähigkeit unserer Jugendlichen und denken, das lernt sich alles von allein und auf der anderen Seite bevormunden wir sie und gängeln wir sie, ohne einen Blick dafür, wofür sie schon die Verantwortungsbereitschaft haben und eventuell auch schon die Fähigkeit zur Selbststeuerung hätten. Wir haben hier aber die Aufgabe, die Jugendlichen auf diese Erwachsenenverantwortung vorzubereiten. Wir sollten sie darin unterstützen, dass sie sich nach und nach einfädeln lernen und zu Lösungen finden, die ihnen entsprechen und deren Folgen für ihr Leben sie übersehen können.

Natürlich gilt das auch für den Schulbereich. In den meisten Fällen übernehmen die Lehrer die Verantwortung für den Beginn des Unterrichts, halten die Energie auch gegen 70 % Desinteresse auf Seiten der Schüler aufrecht, ohne die Verantwortung an die Schüler bzw. an die Klasse zurückzugeben. Müssen Lehrer wirklich jeden Lernschritt kontrollieren oder dürfen die Lernräume auch einmal so weit gesteckt sein, dass es auf die Wahrnehmung der Selbstverantwortung eines jeden Schülers ankommt? Was wäre so schlimm daran, wenn die Schüler dabei einmal *versagen*? Sie können aus einer solchen Erfahrung doch nur lernen.

B Formalistischer Bildungsansatz versus jugendliche Entwicklung

IX. Anforderungen der Überformungsbildung

Was ist mit Überformungsbildung gemeint? Die Betonung unseres Schulsystems in Sachen Bildung liegt sehr stark darauf, bestimmte Wissensinhalte in Vollständigkeit an die Schüler weiterzugeben. Oftmals wird gar kein Bezug zu der Lebenswelt der Schüler hergestellt. Die dahinterliegende Vorstellung fußt auf der Überzeugung, je mehr Wissen vermittelt wird, desto intelligenter macht das die Kinder / Jugendlichen. Begründet wird dieses oftmals stupide Auswendiglernen und mühsame Aneignen von Wissen mit dem Anspruch auf Allgemeinbildung. Den Schülern werden fachliche Inhalte nahegebracht ohne Selbstbezug und ohne Vorbereitung des Lernraumes in der Weise, dass ein Einsatz für die Erarbeitung des Lernwissens auch Sinn für sie macht. Sie haben Bereitschaft zum Lernen zu haben, auch wenn der Lerngegenstand für sie völlig abgekoppelt scheint von allem, was sie interessiert. Verstehen Sie mich bitte richtig, natürlich muss Wissen vermittelt werden, ohne einen gewissen Grundbestand von Wissen, kann ich auch keine weitergehenden Überlegungen anstellen. Aber ist es nicht Aufgabe des Wissensvermittlers, den Lernenden für eine Lernsache zu gewinnen, ihn zu begeistern oder wenigstens ihm zu erschließen, wofür dieser Lerninhalt hilfreich sein kann und wo er hilft, über das bisherige Wissen hinauszudenken? Natürlich ist es auch hilfreich, wenn das Lernen einen handlungsorientierten Aspekt beinhaltet, der zeigt, wozu das Gelernte gut ist, wo man den gelernten Inhalt einsetzen kann.

Vor lauter *Abarbeiten und Hinterherhetzen* hinter dem Bildungsplan bleibt kaum Energie übrig, sich als Pädagoge selbst über den Aufbau der Lerninhalte Gedanken zu machen und den Schülern eine Art Lernlandkarte an die Hand zu geben, die immer wieder Orientierung gibt und aufzeigt, in welchem Lernraum wir uns gerade befinden, was als Nächstes darauf aufbaut usw. Auch wird nicht selten keine Aussicht gegeben auf eine alltagspraktische Einheit, die dann wiederum ermöglicht, dass neue Wissen auch alltagsbezogen einmal anzuwenden, sodass ein gewisses tieferes Verständnis dafür entsteht, warum dieser Lernstoff nun tatsächlich mühsam erarbeitet wurde.

Stellen Sie sich vor: Man nehme eines der Ihnen anvertrauten Kinder und binde es auf einen Stuhl. Man fordere es auf, den Mund aufzumachen und schön brav sitzen zu bleiben und dann schieben sie Löffel für Löffel Nahrung in das Kind hinein, ganz gleich, ob es ihm schmeckt oder nicht, ob es noch Hunger hat oder nicht, ob es die Nahrung verträgt oder auch nicht – und wehe, das Kind fängt an unruhig zu werden oder gar dagegen aufzubegehren. Denn dann werden härtere Hebel angesetzt. Dann operiert man mit Begriffen wie schwieriger Schüler, schwieriges Elternhaus, lernunwillig, ungezogen oder auch nicht lernfähig, minderbegabt oder unkonzentriert.

Der Selbstbezug des Systems, wo es sozusagen das *Nichtfunktionieren* von Lernen mit verursacht, wird nicht hergestellt. In der Regel sind es die Schüler, die zu irgendetwas nicht in der Lage sind. An Elternabenden wird dann appellartig den Eltern die Unfähigkeit von Schülern oder die besonders schwierige Klasse präsentiert und man sitzt da und fragt sich, was der unausgesprochene Anspruch des Lehrers an die Eltern wohl sein kann. Soll ich meinem Kind zu Hause drohen, soll ich es präventiv bestrafen, soll ich es lehrergehorsam machen oder ist es nicht so, dass es Sache der Lehrer ist, den Unterricht so vorzubereiten und die Lernintention so mit einzubeziehen, dass die Schüler für das vorgenommene *Lernprojekt* auch zu gewinnen sind? Natürlich haben Eltern ihren Teil zu Hause zu leisten, ebenso wie begleitende Pädagogen im Alltag. Selbstverständlich ist es wichtig, dass sich Eltern bzw. Begleitpersonen und Lehrer miteinander austauschen, sich Gedanken machen über die Kinder, gemeinsam überlegen, was dazu beigetragen werden kann, um die Lernlust zu steigern oder die Lernnotwendigkeit deutlich zu machen.

Vielleicht muss hier auch noch einmal erwähnt werden, dass es natürlich tatsächlich auch Schüler mit sehr schwierigem Hintergrund und schwierigem Elternhaus gibt, die ganz grundsätzlich lernunwillig sind, weil sie ihre Energien für etwas anderes brauchen. Diese Schüler haben die Neigung jedes System zu boykottieren, zu unterlaufen und damit grundsätzlich infrage zu stellen, ganz besonders dann, wenn es den Pädagogen nicht gelingt, sie zu erreichen.

Beobachtet man allerdings hinreichend viele Schulklassen in ihrem alltäglichen Unterricht, so stellt man erstaunt fest, dass die durchschnittliche Zahl pseudoartiger Leistungssituationen im Vergleich zu den echten Lernsituationen deutlich überwiegt. Manche Lehrer machen nämlich aus jedem kleinsten Frage- und Antwortspiel, jeder Stillarbeit und aus jeder gemeinsamen Aufgabenlösung an der Tafel für die Mehrzahl der Schüler eine leistungsthematische Situation. Sie äußern gegenüber einzelnen Schülern positive und negative Erwartungen, schaffen dadurch einen permanenten Konkurrenzdruck im Klassenzimmer, kommentieren und bewerten jede Frage und jede Antwort, reglementieren die Zeit zum Nachdenken und beurteilen bzw. bewerten vor der gesamten Klasse Stärken und Schwächen einzelner Schüler. Lehrer können – oft unbewusst und völlig ungewollt – ihren Unterricht in eine Kette von Pseudo-Leistungssituationen transformieren und auf diese Weise das Lernen behindern.

Natürlich leuchtet jedem ein, dass im Unterricht beides sein muss: Zum einen Lernen als Aufnahme und Verarbeitung neuer Informationen, als erprobende Auseinandersetzung mit schwierigen Aufgaben, als Erwerb eines gut verstandenen, flexibel nutzbaren Wissens und zum anderen auch als Leistung zur Bewährung und Bekräftigung des Gelernten und zur individuellen, sozialen und Kritik beinhaltenden Selbstbewertung der Lernenden. Meiner Ansicht nach ist es Aufgabe eines guten Unterrichts Lern- und Leistungssituationen im Bewusstsein der Schüler so zu trennen, dass eine produktive Lernkultur entstehen kann.

Die herkömmliche Schule, die von Schülern vor allem Anpassung, Unterordnung, Fähigkeit zur Arbeitsteilung, Lesen und Rechnen und eine mehr oder weniger unkritische *Robotermentalität* erwartet, gehört zum ausklingenden Industriezeitalter.

Die künftige Schule muss jedoch zum zukünftigen Informationszeitalter passen, das von jungen Menschen Mobilität, Flexibilität, Kreativität, selbstständiges Lernen und Umlernen sowie Selbstverantwortlichkeit bei der Informationsgewinnung und -verarbeitung verlangt. Das Computerlernen und die immer wichtiger werdenden Schlüsselqualifikationen einer Informationsgesellschaft führen dazu, dass die bisherigen Fachlehrpläne (die oft genug die Kreativität haben verkümmern lassen und zu *Einschränkungen im vernetzten Denken* beigetragen haben) zu Lernbereichslehrplänen vernetzt werden, dass die Altersklassengliederung der Schule in altersübergreifende Lerngruppen, die nach Entwicklungs- bzw. Reifegraden sortiert werden, einmündet, dass die 45-Minuten-Takte und die Fachlehrer abgeschafft werden usw.

Auch die moderne Gehirnforschung zeigt uns auf, wie wichtig diese
Art von übergreifender Vernetzung ist, um mündiges und eigenständiges Denken freizusetzen. Sollen die jungen Menschen nicht nur
befehlsartig funktionieren, müssen sie sich auch einmal sinnstiftend
in die Lernthemen hineindenken dürfen und sich über die gelernten
Instrumente mit entstehenden Konsequenzen auseinandersetzen bzw.
sich weiträumig Gedanken machen dürfen.

X. Leistungsorientierung und Fortschrittsdistanz

Unser Schulsystem baut zunächst auf dem Selektionsgedanken auf.
Indem das System aussondert und eine Mehrklassengesellschaft schafft,
die sich hierarchisch abstuft, werden die Menschen geradezu erpresst,
ihr Bestes zu geben. Der Selektionsdruck spült unter Umständen aber
auch die Besten heraus und bringt eigenständig denkende Individuen
unter die Räder bzw. treibt sie in die Verzweiflung.

Außerdem gilt die unausgesprochene Botschaft, dass, wer sich
anstrengt, dafür auch belohnt wird, schon lange nicht mehr. Wie viele
Studierte habe ich schon kennengelernt, die nach erfolgreichem und
gutem Abschluss Praktikum um Praktikum absolvieren, ohne irgendwo
die Chance zu erhalten, sich als Verdienende ins Berufsleben einzufädeln.

Andererseits werden den erfolgreich abschließenden Hauptschülern
von den Realschulabgängern und den Abiturienten die Ausbildungs-
plätze weggenommen. Ja, ihnen wird sogar ganz grundlegend die
Anerkennung ihrer Leistungen im Rahmen ihrer Möglichkeiten versagt.
Die Unternehmen gehen so weit, dass sie heute über einem Drittel der
Hauptschüler überhaupt die Ausbildungsfähigkeit absprechen. Meine
Frage lautet hier: Wie soll ein junger Mensch noch um einen guten Platz
ringen und an sich selbst glauben, wenn das System, in dem er lebt,
ihm die Chance abspricht, ehe er überhaupt einen ersten Schritt hinein
ins Berufsleben getan hat? Hier kommt ein grundlegendes Prinzip der
Natur ganz unbewusst zum Tragen. Der Stärkere setzt sich durch und
der Schwächere muss weichen.

Die Wirtschaft und die Unternehmen haben mittlerweile eine Eigendynamik in diesem Erfolgreich-sein-Wollen und ihrem Gewinnstreben
entwickelt. Sie sind einerseits Getriebene in diesem System und andererseits Treiber, die unsere nachwachsende Generation für ihre schein-

bar unvermeidbaren und nicht hinterfragbaren Wachstumsstrategien nutzen wollen. Lange schon verlieren sie sich in dieser Eigendynamik und dienen der Gesellschaft als Ganzes nur noch punktuell. Denn wenn ich Tausende von Menschen herausspüle, um noch billiger zu werden und noch mehr Gewinne zu machen und dann aber auf der anderen Seite die sozialen Sicherungssysteme dies alles wieder tragen müssen, dann ist eindeutig etwas aus dem Lot geraten. Zumal das System hier die Menschen reihenweise und in einem großen Ausmaß zu Verlierern macht. Hier braucht es eine Politik, die das nicht ohne Weiteres in die Bildungspolitik hineinträgt, sondern die sich mit Sachverstand abgrenzt und auch Wert auf das soziale Miteinander legt und die politischen Rahmenbedingungen dafür schafft.

Ganz fragwürdig ist das Setzen auf immer weiteres Wachstum, verbunden mit immer höheren Produktionszahlen. Dabei wird aus dem Blick verloren, was notwendige und alltagsentlastende Güter sind und was Luxusgüter sind, die unsere Ressourcen aufbrauchen und ausschließlich der Statusgewinnung dienen. Es stellt sich auch die Frage, wo der Mensch anfangen muss, Verantwortung dafür zu übernehmen, sich selbst zu beschränken, wenn es um die immer weiter fortschreitende Ausdifferenzierung von Nutzungsmöglichkeiten unserer Güter geht.

Müssen wir wirklich alles haben, wo wir doch in diesem Zusammenhang nichts Geringeres zu verlieren haben als die Natur, die uns trägt? Wäre diese Frage es nicht auch wert, permanenter Gegenstand des Unterrichts zu sein? Geschichtlicher Ausgangspunkt unserer Bemühungen war doch die ganz grundsätzliche Existenzsicherung und vielleicht auch noch das leichter machen des Arbeitsalltages. Sucht man nach etwas Positivem, so kann gerade noch festgestellt werden, dass der Handel mit den produzierten Gütern die Fremdenangst und die Grenzsetzung gegenüber allem Fremden überwinden geholfen hat.

Der Handel hat mit dazu beigetragen, dass die unterschiedlichsten Kulturen Zugang zueinander gefunden haben und miteinander kooperieren, trotz unterschiedlichster Werte- und Bezugssysteme. Da dies aber bereits weitgehend geglückt ist, stellt sich die Frage, ob immer weitere Produktion und ausgeweiteter Handel – dieser ursprünglichen Transport- und Brückenqualität beraubt – noch in diesem Ausmaß notwendig ist. Was ich also besonders bemängele, ist, dass unsere Schulkultur nicht mehr in der Lage ist, den notwendigen Abstand zum Zeitgeist zu gewinnen und einen entsprechend kritischen Blick auf Seiten der Schüler zu schulen, der es ihnen ermöglicht, über nahegelegte Handlungsmuster des Zeitgeistes hinaus zu denken und zu handeln.

Die Jugendlichen haben ein Recht darauf, sich kritisch mit unserer Gesellschaft auseinanderzusetzen. Der Anspruch humanistischer Bildung, auch Abstand zu Gegenwartshaltungen zu gewinnen und den Bezugspunkt zu wechseln, um kritisch auf gegenwärtige Entwicklungen und geforderte Notwendigkeiten zu sehen, wird heute vielerorts nur noch belächelt. Gott sei Dank bestätigen Ausnahmen die Regel. Da unsere Welt kleiner wird und sich keinesfalls alle Menschen unseren Standard werden leisten können, würde ich es mir im Namen der Jugend wünschen, dass die Schule als Sozialisations- und Bildungsinstanz den Mut findet, sich hier aktiver hineinzudenken und die Jugendlichen auf die notwendige Haltungsumkehr vorzubereiten. Diese stehen solchen Fragen durchaus offen gegenüber.

Selbstwert ergibt sich eben nicht durch Erwerb von immer noch mehr Besitz oder durch ein Tun, das immer schneller und besser ist als das von anderen, oder gar durch die ausschließliche Anerkennung durch andere, z.B. Lehrer. Selbstwert entsteht vor allen Dingen durch die Selbstachtung des eigenen Wesens und dem Folgen der Bewegungen, die sich dadurch ergeben. Auch liegen gesellschaftliche Antworten zukünftigen Handelns sicher nicht mehr in der Abgrenzung und Selektion des Einzelnen vom Ganzen. Es wird wieder mehr darum gehen müssen, sich als verbunden zu verstehen, und zu fühlen, und gemeinschaftlich um ein gutes Leben zu ringen.

XI. Kommunikationskultur in der Schule

Soziales Miteinander und soziale Konflikte in der Schule

Die Schule reproduziert sich nicht nur über ihr Lern- und Leistungssystem und die damit verbundenen Verfahren, sondern gerade auch über die Schul- und Schülerkultur. Unter Schülerkultur verstehe ich die sich im Schulalltag darstellenden Selbstäußerungen und Ausdrucksformen der Schüler, unter Schulkultur die Anstrengungen der Schule, in die Lebenswelt der Kinder und Jugendlichen hinein Wissen zu vermitteln.

Eine Schule mit tragender Schulkultur begreift sich als Sozialraum, in dem die Jugendlichen über den engeren Unterricht hinaus Aneig-

nungs- und Ausdrucksformen entwickeln und darüber eine lebensweltliche Identifikation mit der Schule erlangen können. Wenn wir die
Unterscheidung von institutioneller Schülerrolle und ganzheitlichem
Schülersein vornehmen, so sehen wir, wie Schulkultur und Schülerkultur
ineinander greifen können: Die Schüler sollen Selbstwertbezüge und
Identifikationen, Beziehungsmuster und Verständigungsformen von sich
aus in die Schule einbringen können und die Schule soll sie aufnehmen
lernen. Dies kann sie sicher nicht immer unmittelbar leisten, sondern
durchaus im Sinne einer *fördernden Umwelt* in der lebensweltliche
Akzeptanz, zugelassener Experimentierraum und gesetzte Grenzen eng
beieinander liegen und aufeinander bezogen sind. Solche Überlegungen
werden in Verbindung mit dem Konzept der *Lebensweltschule* thematisiert: Entwicklungen im Jugendalter vollziehen sich vor allem durch
Mitmachen, Miterleben und Mitfühlen.

Die Lebensweltschule will Erlebnis- und Handlungsfelder schaffen,
um die Schüler nicht nur als lernende Wesen zu behandeln, sondern
neben dem Fördern auch das Fühlen zuzulassen. Vor allem scheint
mir – neben der Erweiterung des schulischen Spektrums der Selbstwertschöpfung und der Identifikationsangebote (wir wissen ja, dass
vom erwarteten Verhalten abweichende Schüler meist keine Bindung an
die Schule haben) – wichtig, dass die Schule von sich aus auffordernde
Gelegenheiten zur Entwicklung sozialer Handlungskompetenzen anbie-
tet. Klassenverträge, Rollen- und Planspiele zum miteinander Leben in
der Schule, Konflikttraining, Initiierung von gemeinschaftsstiftenden
Prozessen, Angebote zur Hilfssteuerung, damit Schüler gemeinsam am
Lernball bleiben können, sind dabei Initiativkräfte und ausgesprochene
Einladungen an die Schüler.

In diese Richtung gehen auch die zunehmend auf Akzeptanz sto-
ßenden Konzepte des *Einander-Helfens*. Dabei wird deutlich, dass eine
lebensweltlich gespeiste Schulkultur nicht konträr zum Leistungssystem
der Schule sein muss, sondern dieses sozial ausgleichen und austarieren
kann. Allerdings ist das Leistungsstreben in vielen Schulen heute so
stark ökonomisiert, dass Schüler befürchten, sie könnten Wissens- und
Konkurrenzvorsprünge einbüßen, wenn sie einander helfen. Um hier
Vertrauen und Souveränität zu erlangen, braucht es eine neue Sichtweise
der Schule: Nicht länger soll sie als hierarchisches pädagogisches System
gesehen werden, sondern als Sozialraum gegenseitigen Handelns, in
dem Kommunikation und Transparenz die Bereitschaft zum Einander-

Helfen fördern und entwickeln helfen. Strukturell angelegt werden kann dies im offenen Unterricht, in der Gruppenarbeit, innerhalb derer sich Schüler Hilfe von Partnern beim Lösen von Aufgaben holen können. Diese merken dann, dass es nicht um Konkurrenzeinbußen, sondern um soziale Kompetenzzusammenhänge geht.

Auch die Lehrplan- und Unterrichtsgestaltung kann dazu beitragen, dass Transparenz und Offenheit und damit Gegenseitigkeit in der Schule entwickelt werden können. Indem Unterrichtsinhalte koordiniert werden und Inhalte aus Fächern aufeinander bezogen sind, können Sinnzusammenhänge gestiftet werden. Das verlangt natürlich auch andere Zeitrhythmen als den traditionellen Stundentakt. Man könnte hier von Unterrichtsepochen sprechen und darauf verweisen, dass sich auch die Lehrer durch solche Formen des Block- und Projektunterrichts verändern, indem sie über ihre Fachbegrenzung hinausschauen und selbst integrativ denken lernen. Dieses integrative Denken im kognitiven Bereich kann bei Lehrern und Schülern lebensweltlich und emotional verbindend wirken.

Schüler und Lehrer merken in solchen integrativen Zusammenhängen, dass Gefühl und Vernunft nicht auseinander dividiert werden müssen, dass Fähigkeiten wie »zuhören, vernünftig argumentieren, Gefühle wahrnehmen und ausdrücken, planen und entscheiden, Verantwortung tragen sowie flexibel sein und Konflikte austragen« durchaus zusammen gehören. Dann wird auch deutlich, dass das *Einander-Helfen* die Struktur- und die Handlungsdimension einer lebensweltlich offenen Schule gleichermaßen umfasst und nicht normativ aufgesetzt werden muss. »Miteinander lernen – Füreinander da sein – Miteinander leben« ist der Leitsatz einer Freien Schule, die sich hier bei uns in der Region etabliert hat.

All diese Blickwinkel im Zusammenhang mit Kommunikationskultur in der Schule leuchten die schulinternen, räumlichen und personalen Ressourcen aus, welche die Schule selbst aktivieren kann. Es gibt aber auch Konfliktkonstellationen, die die Ressourcen der Schule als Institution überfordern und in deren Folge auch soziale Gruppen handlungsunfähig werden. Hier bietet sich die Kooperation mit außerschulischen, sozialtherapeutischen und sozialpädagogischen Expertenteams an. Dieses in der Literatur mit dem Begriff der Krisenintervention umschriebene Verfahren wird bei aktuellen Konfliktfällen eingesetzt, also wenn die kritische Situation gerade frisch, die Spannung noch nicht gewichen

und die Beteiligten an sich noch betroffen sind. Kernpunkt der Krisenintervention ist die Bildung von Kleingruppen um den Konflikt herum,
in denen sich die Beteiligten aus ihrer Befindlichkeit heraus äußern und
ihre alltäglichen Wünsche und Ängste im Schulleben darstellen können.
Hier ist die Methode der Trennung von Person und Konfliktanlass erst
einmal wichtig, denn es soll ja die Gefahr vermieden werden, dass die
Schüler (aber auch der Lehrer) gleich anfangen den Konflikt von sich
weg zu schieben (»wir waren es nicht«) oder vielfältige Gründe dafür
zu finden, dass es so gelaufen ist (Rationalisierung).

Die Erfahrung zeigt, dass die Schüler in solchen vertrauensvollen /
vertrauensbildenden Gesprächs- und Selbsterfahrungsrunden sich sehr
bald wohlfühlen, dass der Stress weicht und mit ihm der Externalisie-
rungs- und Rationalisierungsdruck. Die Schüler können so aus sich heraus, von ihrer wiedererlangten emotionalen Sicherheit her, Regelungen
des Umgangs finden. Die Lehrer können ihren Unterrichtsstil ändern
und versuchen, sich mit den Schülern neu zu verständigen. Solche Kri-
seninterventionsmodelle mit Hilfe von außen erfordern zunächst ver-
trauensbildende Einzelgespräche zwischen Lehrern und Schülern (evtl.
auch entsprechende Elternabende). In den Lehrergesprächen versucht
man, die Lehrer dafür zu sensibilisieren, dass sie vom rituellen Unter-
richtsdenken wegkommen und aus ihrem pädagogischen Bezug die
Schüler einmal als Persönlichkeiten, d.h. von den Seiten her betrachten,
die man im Unterrichtsalltag immer wieder verdrängt bzw. verdrängen
muss. Es gilt also, bei den Lehrern eine lebensweltliche Neugier auf die
Schüler und damit auf das eigene Lehrersein zu wecken und damit die
für die Krisenintervention wichtige emotionale Beziehung auch beim
Lehrer zu aktivieren.

Bei der Arbeit mit den Schülern ist es ebenso wichtig, Emotiona-
lität herzustellen. Dazu können verschiedene Entspannungsübungen,
gegenseitige Berührungen und Abstoßungen, Vertrauensübungen,
Zueinanderfinden und Aus-dem-Wege-Gehen dienen.

Bei all diesen lebensweltlichen, sozialräumlichen, jugendkulturellen
und sozial-emotionalen Zugängen zur Schule darf nicht vergessen werden, dass auch die institutionellen Arrangements der Schule Gegenseitigkeit erlauben, die Schulhierarchien also durchbrochen werden dürfen.
In der Diskussion um die *gesunde Schule* sind in diesem Zusammenhang
jene Überlegungen interessant, welche die Schule als lebenswerten
Arbeitsplatz für Schüler und Lehrer thematisieren. Von diesem Ver-

ständnis her kann auch eine institutionelle Haltung der Gegenseitigkeit und Vertraglichkeit begründet werden. Indem von *Humanisierung der Schule* gesprochen wird, wird bewusst versucht, die Schulreformdiskussion an die Diskussion der *Humanisierung der Arbeitswelt* anzubinden. Es geht um den Arbeitsplatz Schule, der sozial und personal verträglich sein muss. Ein *humaner, entwicklungsfördernder Arbeitsplatz* kann danach nur dort entstehen, wo sich die Produktivitätsdefinition nicht nur auf unterrichtliche Leistungen, sondern auch auf soziale und sozialräumliche Kompetenzen bezieht, wo Selbstwert multipel vermittelt werden kann und Raum für fachlich-kognitive und emotionale Auseinandersetzungen und Konflikte gleichermaßen gegeben sind.

Die Schule wird so zu einem Ort, wo Bewältigungshandeln gelernt werden kann. Über diese Bewältigungsdimension kann Schule im Schulalltag Anschluss an den Alltag des Schülerseins finden.

Das neue institutionelle Selbstverständnis des *humanen Arbeitsplatzes Schule* hilft dabei, sowohl die Schule als ernsthaften Teil der Biografie betrachten zu können, sich trotzdem dabei wohlzufühlen und die Verantwortung für andere (und damit für die Schule) auch in der Spannung jugendkultureller Abgrenzung als Eigenes zu erfahren. Natürlich ist die Schule in ihrer institutionellen und biografischen Stellung kein Arbeitsplatz wie der Erwerbsarbeitsplatz. Sie steht zudem strukturell – auch wenn sie sich noch so sehr räumlich und emotional öffnet –im Widerspruch zur Jugendkultur und auch die schulischen Konflikte lassen diese Gegensätzlichkeit immer wieder neu aufbrechen. Dieses neue institutionelle Verständnis kann aber dazu führen, dass die Schule den Schüler nicht als *Unmündigen* betrachtet, sondern seiner soziokulturellen Selbstständigkeit entgegenkommt. Dann kann er sich auch als Jugendlicher, in einer Lebensphase, in der die Selbstbestimmung und die Fremdbestimmung sich diametral entgegenstehen, auf sie einlassen. Dann kann er auch als einer, der sich von allen gesellschaftlichen Vorgaben zurückziehen will, um handelnd deren Wahrheitskern auf die Probe zu stellen, den Wiedereinzug in Gleichzeitigkeit leben, weil seine Distanzbedürfnisse als Lebensabschnittssymptom Anerkennung finden.

XII. Schulklima

Bildung muss auf das Zusammenleben in der Gesellschaft einübend vorbereiten. Der Erwerb von sozialer Kompetenz ist deshalb eine wichtige und anspruchsvolle Aufgabe des Bildungssystems. Hierfür müssen den Jugendlichen Räume geschaffen werden, in denen sie sich ausprobieren können, in denen Fehler gemacht werden dürfen und eigene Vorstellungen entwickelt werden können. Das Bildungssystem muss aus meiner Sicht nicht nur der technologischen, sondern auch der sozialen Entwicklung Rechnung tragen. Die Schule sollte nicht nur aus Stundenplan und Leistungsprüfung bestehen, sie sollte auch der Ort sein, an dem Menschen zusammenarbeiten und voneinander lernen. Der Schüler sollte nicht nur in seiner Schülerrolle gefordert werden, sondern auch in seinem Schülersein willkommen geheißen werden.

Die Schülerrolle bindet die Jugendlichen an die Schule und versucht ihr Leben in der Schule nach der schulischen Logik zu strukturieren sowie die sinnlich-emotionale Persönlichkeit und den außerschulischen Alltag aus der Schule herauszuhalten, was natürlich in den seltensten Fällen durchgehend gelingt. Mit der Orientierung an der Schülerrolle wird aber der alltägliche, außerschulische Lebenszusammenhang, wie er in die Schule hineinwirkt, nicht begreifbar. Dass die Schule jeden Morgen verlangt, dass unterschiedliche Schüler schulfähig – wach, gefrühstückt, motiviert, sozial entspannt – antreten, und dass sie sich nicht oder wenig darum kümmert, was nach der Schule mit den in der Schule erzwungenen – weil von der Schülerrolle ausgegrenzten – Gefühlsstaus und Emotionsaufschüben passiert, entspringt der Logik des funktionalen Verständnisses der Schülerrolle. Schule und Unterricht sind eben institutionelle und organisatorische Mittel, mit denen die Gesellschaft ihre Jugend – ihrem Übergangsstatus entsprechend – auf die Bahnen der zukünftigen funktionalen Erwartungen und Anforderungen lenkt. Wie sich die Jugend aber als Jugend gleichermaßen erfährt, das erschließt sich und verwirklicht sich nicht in den funktionalen Lernprogrammen, sondern in einem sinnlich-pädagogischen Bezug, der sich zwischen lehrenden Erwachsenen und lernenden Heranwachsenden konstituiert.

Hier bietet sich in der Schule als zunehmende Ganztagsschule, die mittlerweile für die Kinder und Jugendlichen einen hohen sozialräumlichen Aufforderungscharakter hat, eine reelle Chance. Denn hier vermischen sich Schulklassen- und Peer-Kultur. Deshalb ist es nicht verwunderlich, wenn sich die Versuche der Schüler mehren, diese Sozialräumlichkeit auch zu beanspruchen und durchzusetzen. Sie wollen das Problem ihrer Schülerkarriere, dass die Schülerrolle nur einen Teil der Schülerpersönlichkeit erfasst, andere Persönlichkeitsanteile aber ausschließt, zunehmend ausgeräumt wissen. Die Schule beeinflusst maßgeblich die Alltagsbefindlichkeit des Schülers, weit über die Schulzeit hinaus. Zu dieser Alltagsbefindlichkeit gehört auch, dass Schüler diese ihre Schülerrolle tagtäglich bewältigen müssen und dafür soziale und emotionale Energien brauchen, welche die Schule aber selbst kaum herstellt. Eine das Soziale berücksichtigende Schule, wie die Schüler sie sich wünschen, würde deshalb stärker den Blick darauf richten, wie sie die alltägliche Balance zwischen Schülerrolle und Schülersein auch von der Schule her stützen und beleben könnte. Bisher sind es die Schüler selbst, welche die Spannung zwischen der Schülerrolle und dem alltäglichen Schülersein aushalten und bewältigen müssen.

Es sind die reduzierten Möglichkeiten der Selbstwertschöpfung, die in der Schülerrolle liegen (primäre Leistungs- und Anpassungsbereitschaft an schulische Vorgaben), welche Probleme heraufbeschwören. Denn Schüler suchen – aufgrund eben des gestiegenen sozialräumlichen und sozial-emotionalen Aufforderungscharakters der Schule – auch Selbstwerterlebnisse außerhalb der Schülerrolle, aber in der Schule. Dem tragen im Grunde alle Selbsthilfemodelle Rechnung: Schüler helfen Schülern, Mediation unter Schülern, Patenmodelle des Einfädelns usw. Hier wird nicht nur Verantwortung in einzelnen Situationen übernommen, sondern letztendlich auch am Leitbild der Schule identitätsstiftend – die beiden Aspekte Schülerrolle und Schülersein versöhnend – gearbeitet.

Dazu kommt: Der pädagogische Bezug, in dem Lehrer zwangsläufig als Erwachsene mit ihren Persönlichkeitszügen und Alltagspraktiken in den Orientierungskreis der Schüler treten, wächst nicht nur aus dem Berufszusammenhang des Lehrers, sondern aus der Generationsspannung heraus, die einem pädagogischen Interaktionsverhältnis immer innewohnt. Jugendliche suchen Erwachsene, die ihnen gegenüber offen und personal zugänglich sind und sich nicht hinter Machtpositionen und Statusmasken verschanzen, um sich an Modellen für das Erwachsenwerden gleichermaßen orientieren und abgrenzen zu können. Die Schüler brauchen einen offenen Zugang zur persönlichen Befindlichkeit des Lehrers, dass sie an ihm lernen können, dass er ihnen nicht Resultate vorsetzt und sich dahinter versteckt, sondern ihnen Deutungsspielräume personaler Verständigung ermöglicht. Natürlich darf dabei nicht vergessen werden, dass der pädagogische Bezug immer im Zusammenspiel mit dem funktionalen Aspekt des fachlichen Unterrichts gesehen werden muss. Aber es bleibt dabei, Jugendliche brauchen den Lehrer als (Handlungs-)Vorbild.

In den von mir initiierten Jugendprojekten des Peer-Involvements hat sich gerade dieser Aspekt ganz besonders deutlich gezeigt. Die Jugendlichen waren regelrecht hungrig auf Erwachsene, die ein Stück gelebtes Leben und ein Wesen mitbringen und sich mit diesem offenbaren und sich den Jugendlichen anbieten bzw. sich ihnen und ihrem kritischen, aber auch wohlwollenden Blick aussetzen und es zulassen, dass sie sich auf ihn beziehen, mit allem, was sie ausmacht.

Kaum jemand richtet das Augenmerk auf die Schule im Hinblick auf die in sie hineingetragene Eigenschaft als Gesellungsform. Denn in ihr kommt man nicht freiwillig zusammen, sondern man wird in sie hinein gezwungen. Die Schulklasse gilt deshalb auch traditionell nicht als echte Gruppe, sondern eher als Zwangsverband. Das Wir-Gefühl – das Charakteristikum jeder frei gesellten Gruppe – stellt sich nach unserem Alltagsverständnis in der Schule nur in bestimmten Situationen ein: So z.B., wenn es um Konkurrenz und Abgrenzung zu anderen Schulklassen oder vielleicht gemeinsamen Widerstand gegen Lehrer geht oder wenn später einmal ein Klassentreffen stattfindet. Man könnte sagen: Immer dann, wenn die Schulklasse in *Peer-Situationen* gebracht wird oder wenn später die Schulerinnerung zur Jugendnostalgie und dann zur Peer-Erinnerung wird, bekommt auch die Schulklasse in der subjektiven Wahrnehmung der Schüler einen Gruppencharakter. Gleichzeitig wird in der neueren Schulforschung immer wieder darauf aufmerksam gemacht, dass die Schüler selbst den Zwangs- und Organisationscharakter der Schule schon allein dadurch aufweichen, dass sich im alltäglichen Zusammensein eine Gruppendynamik entwickelt, die eine informelle – wenn auch lose – Gleichaltrigenkultur in der Schule aufbaut, die aber immer von der Unterrichtsorganisation zurückgedrängt wird. Die Schulklasse bleibt ihrer Funktionsbestimmung nach also vorrangig eine formelle Gruppenorganisation, welche durch ihren alltäglichen Pflichtcharakter, das Jahrgangsprinzip als Kollektivprinzip und die damit verbundene vorgegebene Schullaufbahn mit den entsprechenden Leistungs- und Auslesestufen gekennzeichnet ist. Und trotzdem hat sie eine informelle Peer-Struktur, die nicht als eigene hervortritt, aber beeinflusst sein kann von außerschulischen Beziehungen zu Gleichaltrigen und innerschulischer, situativer Peer-Dynamik, die sich vor allem hinter dem Rücken des Lehrers oder auch ganz offen mit für Lehrer un- oder missverständlichen Zeichen abspielt. Die Schulklasse ist somit ein ambivalentes Aktionsfeld, das starke normative Gegenkräfte zum schulischen Wertesystem hervorbringt. Diese pädagogisch nicht einzubinden und als Lernsubjekt zu nutzen, ist für mich als Sozialpädagogen nicht nachvollziehbar und in meinen Augen Ressourcenverschwendung.

Diese informelle Peer-Dynamik richtig einschätzen zu können, ist eine der wichtigsten Alltagskünste des Lehrerberufs: Einerseits darf man ihr nicht gleich aufsitzen und jede Peer-Regung als Störung abqualifizieren, andererseits muss der Punkt erkannt werden, wo die Balance zwischen schulischem Fluss und jugendkultureller Gegenströmung gefährdet ist, wo die Schulklasse leicht in den Strudel und den Sog von Desorganisation und Destabilisierung kommen kann. Die informelle Peer-Struktur in der Schule ist in vielem funktional für den Ablauf des Vormittags, gewissermaßen der jugendkulturelle Sozialkitt des Schulunterrichts. Nicht nur das Stillsitzen, die Konzentration auf den Stoff und die damit verbundenen schulischen Verkehrsformen, die Zeitdisziplin und der allvormittäglich erzwungene Bedürfnisaufschub stellen eine psychosoziale Herausforderung dar, die von den Schülern selbst bewältigt werden muss. Der alltägliche jugendkulturelle Widerstand, der der Schule in der Schule entgegengebracht wird, hilft den Schülern bei dieser Bewältigung.

Schüler müssen sich in der Schule an der Schule reiben können. Allerdings brauchen sie auch Raum dafür, in dem sich diese Reibung entfalten kann, denn wenn sie blockiert wird, kann sie leicht in unterrichtsdestruktives Verhalten umschlagen. Für diese innerschulische Peer-Dynamik braucht es nicht nur eigene Räume und Zeiten, in denen sich die Jugendlichen – auch durchaus soziokulturell angeregt – gesellen können, sondern auch Unterrichtsformen, die solche Peer-Dynamik aufnehmen können: Gruppenunterricht, Projektunterricht, Projektwochen, performativ gestaltete Lernprozesse usw.

Je weniger sozial-räumliche Möglichkeiten die Kinder und Jugendlichen im außerschulischen Bereich haben, desto mehr wird die Schule zunehmend als Ort angesehen, an dem man sich treffen und *als Jugendliche* zusammen sein kann. Die Schule kann dem entgegenkommen, in dem sie in der außerunterrichtlichen Zeit ihre Gebäude und Räume den Jugendlichen zur jugendkulturellen Nutzung überlässt, z.b. in der Form von Schuljugendclubs, Schülerveranstaltungs- und Übungsräumen. Wenn es der Schule gelingt, trotz ihrer jugendkulturell gegenläufigen Organisationsstruktur im Interaktionsgeschehen des Schulalltags Bezugsrahmen zur Jugendkultur und ihren Gesellungsformen aufzunehmen, ist sie auch auf dem Weg, sich sozialräumlich zu erweitern. Denn jugendkulturelle Gesellungsformen sind immer sozialräumlich vermittelt und brauchen räumliche Ausdrucks- und Abgrenzungsmöglichkeiten. Die Schule kann sich damit über ihre sozialräumliche Erweiterung jene Welt des Alltagslernens hereinholen, die sonst – trotz aller Didaktik – für sie ausgeschlossen ist, weil sie jenseits der kognitiven Lernstruktur des Unterrichts liegt. Denn Kinder und Jugendliche lernen (und entwickeln sich) vor allem auch über sozialräumliches Aneignungsverhalten.

Im Gegensatz zu Erwachsenen, die sich vor allem über Rollen und Positionen verstehen, orientieren sich Kinder und Jugendliche in ihrer Entwicklung und Verortung vor allem über die Zugehörigkeit zu bzw. das Ausgeschlossensein von Räumen. Sie erfahren im räumlichen Aneignungsverhalten direkt und unmittelbar, welche sozialen Gestaltungsmöglichkeiten ihnen offen stehen oder verweigert werden. Viele Räume sind ökonomisch funktionalisiert, bieten Jugendlichen nur wenige Chancen, sie nach ihren Vorstellungen zu gestalten und umzuwidmen. In der Art, wie Räume einseitig funktionalisiert und dehumanisiert sind, wohnt ihnen Gewalt inne, die man nicht sieht, deren Ausgrenzungsdruck Jugendliche aber spüren.

In der Art und Weise, wie Jugendliche in ihrem sozialen Nahraum etwas bewirken können, bilden sich ihr Selbstwertgefühl und ihre soziale Orientierung aus. Hier liegt vielleicht auch der Schlüssel zur Beantwortung der Frage, wo der emotionale Argwohn und die Abwehr herkommt, die Jugendliche immer wieder der Schule entgegenbringen: Sie erleben täglich, wie sich die Schule ihnen sozialräumlich verschließt, obwohl man doch in und mit dieser Schule, ihren Fluren, Treppen, Räumen und Höfen – alles Möglichkeiten des jugendkulturellen Beisammenseins – so viel anfangen könnte. Und dies wird dadurch verstärkt, dass die Jugendlichen außerhalb der Schule auf dürftige Straßenecken, Kaufhaustreppen und Unterführungen verwiesen werden.

In dem Zusammenhang möchte ich auch gern den Begriff »Herzensbildung« einführen. Es täte der Institution Schule insgesamt gut, wenn sie sich wieder mehr den Herzen unserer Heranwachsenden zuwenden würde und einen Beitrag zur Herzensbildung leisten würde. Was verstehe ich darunter?

Alle Bildungs- und Beziehungsangebote, die dazu beitragen,
- die Herzen zu öffnen, für uns selbst und andere.
- die soziale Gemeinschaft an Schulen zu stärken.
- sich gegenseitig zu achten und zu respektieren.
- Liebe und Versöhnung mit unserem Lebensgrund zu verbreiten.
- die individuellen Stärken des Einzelnen zu erkennen / fördern.
- eine positive Lebenseinstellung zu vermitteln, die Mut macht, sich gestaltend einzubringen.
- in den Unterschieden die Gemeinsamkeiten zu erkennen.
- sich gegenseitig zu unterstützen.
- uns mit dem Herzen verantwortlich einzufühlen, uns einzudenken, Verantwortung zu übernehmen, Veränderungen vorzuschlagen, und Unausgewogenheiten zu korrigieren.

Dies sind alles Impulse, die unsere Heranwachsenden motivieren,
- die Freude am Lernen zu entdecken,
- sich für Schwächere einzusetzen, Schwächere zu unterstützen,
- Verständnis für die Ängste und Sorgen anderer zu zeigen,
- sich für mehr Miteinander statt Gegeneinander einzusetzen,
- verzeihen zu können,
- zu vermeiden, andere auszugrenzen,
- ihre individuellen Talente zu entdecken.

Es geht also darum, dass nicht nur die Schüler schulreif sein müssen, sondern auch darum, dass die Schule jugendfähig wird. Dann brauchen wir uns um das Schulklima nicht mehr zu sorgen, sondern werden unsere wahre Freude daran haben.

Sozialräumliche Bedürfnisanerkennung führt auch zur Integration derselben, ohne den Lernfokus aufzugeben. So lernen Jugendliche beim Lernen menschliche Bedürfnisse zu berücksichtigen und einzubeziehen. Was kann uns Besseres geschehen? Denn was nützt uns Wissen, das das Menschliche in seinem Wesen nicht mehr berücksichtigt und über es hinweggeht?!

XIII. Eigene Leistungsgrenzen austesten, den eigenen Rahmen überschreiten

Die Schule braucht eindeutig mehr Selbstverantwortung. Schulen sollen zu einem Ort werden, an dem Arbeiten und Lernen Spaß machen. Engagiert-reflektierte Lehrkräfte setzen sich deshalb für mehr Autonomie und Eigenverantwortung in der Schule ein. Es ist an der Zeit, den Sachverstand und die Fähigkeiten der Menschen an der Schule ernst zu nehmen.

Aus meiner Sicht sollte Schule verstärkt erzieherisch einwirken, wieder vermehrt Grundwerte diskutieren sowie auf Charakter- und Herzensbildung hinwirken, die sich allerdings aus Gemeinschaftsprozessen ergeben sollte. Orientierungswerte sind laut Grundgesetz vor allem das Grundrecht auf die freie Entfaltung der Persönlichkeit sowie die Forderung nach individueller Chancengleichheit. Diese erziehungsrelevanten Normensäulen des Grundgesetzes legen dem schulischen Erziehungsauftrag eine das Elternrecht ergänzende und dienende Funktion bei. Die Schule hat sich in den Dienst der Eltern und – mit zunehmender Mündigkeit – auch des Schülers selbst zu stellen, um sein individuelles Recht auf Selbstentfaltung zu unterstützen. Statt Kontrolle auszuüben, sollte mehr Beratung und Lotsenhilfe angeboten werden.

Die Mindestkompetenz, die ein Schüler für eine angemessene Lebensführung in der heutigen Gegenwart braucht, ist: Er muss mit der Vielfalt und dem Widerstreit der Werte leben können, mit anderen Menschen in ihren kleineren und größeren Gemeinschaften im Alltag, in der Gesellschaft und im globalen Rahmen ihres Zusammenlebens der Gesellschaften friedlich zusammen leben können, er muss arbeiten können, sich als Bürger politisch beteiligen können, seine eigenen Lebensformen finden können, sich selbst entfalten und ausdrücken können, sich als *Laie* in der durch Wissenschaft und Experten bestimmten Welt orientieren und sie lebenspraktisch bewältigen können, mit der Technik leben können, mit der eigenen Endlichkeit und Verletzlichkeit umgehen können, mit den persönlichen und gesetzten Begrenzungen, der Religion und dem Glauben leben können. Er muss also mit dem eigenen Leben in seinen Grenzen und Möglichkeiten umgehen können. So etwas kann ausschließlich in gelebter Gemeinschaft gelernt werden.

Mit einer Erziehung zur Leistungsfähigkeit und zu sozialem Miteinander unterstützt die Schule die Persönlichkeitsentfaltung des Schülers und erweitert dessen individuellen Entfaltungsraum auch im Sinne individueller Entfaltung der Persönlichkeit und im Sinne gemeinschafts-orientierter Erziehung.

Angesichts des Zusammenbruchs der alltäglichen Konventionen und Gewohnheiten sind Erwachsene heute gefordert als Gestalter ihres eigenen Lebens, gewissermaßen als Künstler ihrer selbst. Darin liegt die zentrale pädagogische Herausforderung der Gegenwart – und nicht in der albernen Frage danach, ob sie sich in der Schule ein bisschen mehr oder ein bisschen weniger Mathematik angeeignet haben. Allgemein-bildung kann man heute übersetzen als aktive Teilhabefähigkeit in den verschiedenen Lebensbereichen. Erworben wird diese durch praktische und symbolische Teilhabe. Es ist nicht nur für die Zukunft unseres Bil-dungssystems, sondern für die Gesellschaft insgesamt entscheidend, Bildung auf Lebensbewältigung im Ganzen zu beziehen und dabei die Aufmerksamkeit insbesondere auf die Kunst eines erfreulichen Zusam-menlebens zu richten.

Nicht zuletzt deswegen kommt es für die praktische Pädagogik ent-scheidend darauf an, Jugendliche nicht nur auf ihre spätere Existenz als Erwachsene und die erwachsene Teilhabe an den wesentlichen gesellschaftlichen Feldern von Arbeit, Politik, Kultur, Wissenschaft und Religion vorzubereiten, sondern ihnen schon in der Gegenwart soweit wie möglich aktive Teilhabemöglichkeiten zu erschließen. Denn allgemeine Menschenbildung hat nur dann eine Chance, wenn sie als alltägliches Prinzip verstanden und gelebt wird und zur Zivilisierung und Kultivierung des Alltags beiträgt – auch, aber keineswegs nur in den Bildungsinstitutionen.

Menschen erziehen ihren Nachwuchs nicht nur, sie denken über ihr erzieherisches Handeln auch laut nach und sie reden darüber – jedenfalls dann, wenn ihnen ihre Lebensumstände dafür Raum und Möglichkeiten bieten.

Erziehung geht davon aus, dass ein Einzelner eine in sich *geschlos-sene* Persönlichkeit entwickeln kann, die zugleich ästhetischen und moralischen Ansprüchen genügt und dass sie ihn beim bestmöglichen Ausschöpfen der je eigenen Möglichkeiten unterstützen kann.

Individualität ist ihrem Wesen nach unveränderbar und unwan-delbar. Sie entzieht sich jedem analytisch zergliedernden Zugriff. Wer andere bilden möchte, muss auf diese ihre Individualität unvermeidbar Rücksicht nehmen, er hat die Eigentümlichkeiten ihrer Individualität aufzusuchen und denselben mit strenger Anhänglichkeit treu zu bleiben.

Sowohl die dem Menschen eigene Kraft wie seine aus der Kraft resultierende Individualität brauchen ein Gegenüber: »Da jedoch die bloße Kraft einen Gegenstand braucht, an dem sie sich üben, und die bloße Form, der reine Gedanke, einen Stoff, in dem sie sich darin ausprägend, fortdauern könne, so bedarf auch der Mensch einer Welt außer sich« (Alexander von Humboldt).

Im Dialog und in der Begegnung bildet sich Sprache. Durch die Sprache gewinnt der Mensch Subjektivität und gesellschaftliche Objektivität zugleich. Alles, was er sich vorstellt, kann er in Sprache ausdrücken und anderen verständlich machen. Genauso kann er Gesprochenes vernehmen. Im gegenseitigen Sich-verständlich-Machen und Verstehen, fängt er an sich selbst zu verstehen. Das eigene Wort braucht Resonanz, ein Wiedertönen, um tatsächlich in der Welt Platz zu finden.

Das pädagogische Handeln sollte auf die Versöhnung von Individualität und Identität angelegt sein. Wer andere bilden will, tut dies am besten, indem er sich selbst bildet. Bildung funktioniert auf merkwürdig selbstbezogene Weise in paradox ineinander geschachtelten Spiegelungen von Welt und Menschen. Die Bildung, die das Gymnasium durchschnittlicher Weise vermittelt, lässt leider Aufklärung, Kritik- und Urteilsfähigkeit als wünschenswerte Ziele nicht selten fehlen. Stattdessen fördert sie eher den Bildungsbürger: mit festen, klaren Sätzen, Schablonen und in der Vergangenheit erworbenen Erkenntnissen – jetzt als scheinbar feststehende Gesetze unter dem Arm. Scheuklappen bilden sich nach links und rechts, Engstirnigkeit im Kopf, Angepasstheit und Bequemlichkeitsgeist als Förderer von eingleisigen Lernbahnen sind auf der Tagesordnung. Immer wieder wird der Bildungsbegriff korrumpiert und für andere Zwecke missbraucht, die der Gleichschaltung, der Einebnung von Individualitäten dient.

Vielleicht sollte man die Frage der Bildung näher heranrücken an die Frage nach dem Leben. Denn bei allem Lebendigen wird eines klar: Es lässt sich nicht ausrechnen und verwalten. Sondern es bricht sich Bahn und geht seinen Weg. Wege entstehen beim Gehen, wie es so schön heißt. Zur Bildung gehört unbedingt die Frage nach dem guten Leben. Erziehung ist nichts anderes als professionelle Lebensbegleitung.

Politisches Handeln kann freiere Spielräume schaffen. Pädagogisches Handeln kann Individuen so bilden, dass ihr Handeln andere als die schon bestehenden institutionellen Strukturen hervorbringt. Erwachsene und Jugendliche lassen sich bilden, weil sie ihr Leben verbessern wollen und bereichern möchten, weil sie auch noch unter dem Druck selbst gesetzter Qualifikationsanforderungen ihrem Leben eine Wendung geben wollen, die vor dem Ganzen ihrer Existenz bestehen können soll.

Moralisches Wissen und moralische Motivation entstehen in den Verdichtungsmomenten wechselseitiger und mehr oder weniger einfühlsamer Beziehungen. Sie entstehen vor dem Hintergrund bedeutsamer, affektiver, intimer Beziehungen zwischen Gleichaltrigen. Diese gelebten und gefühlt erfahrenen Beziehungen verhelfen ihnen sowohl zu einem reinen Konzept der eigenen wie auch der anderen Person.

Die sozialisierende Funktion von Freundschaften muss und soll deshalb unbedingt als Bildungselement Platz finden. Der Bildungsraum sollte so angelegt sein, dass er unterstützend wirkt im Hinblick auf die Ausprägung von Persönlichkeit. Unter Persönlichkeit verstehe ich die Kompetenzen, die ein Subjekt sprach- und handlungsfähig machen, also befähigen, an Verständigungsprozessen teilzunehmen und die eigene Identität zu behaupten. Ich gehe davon aus, dass ein gutes Gemeinwesen elementar auf das Engagement, die Verantwortung und die Teilhabe seiner Mitglieder an den übergreifenden gesellschaftlichen Fragen und Werten angewiesen ist. Ohne eine Beteiligung der Mitglieder an den gemeinschaftstragenden Gütern, Werten und Entscheidungen wird das soziale Band brüchig und es zerfällt der Gemeinschaftssinn. Ohne eine Grundübereinstimmung an geteilten Werten und allgemein anerkannten, moralischen Normen ist der Zusammenhalt einer Gemeinschaft auf Dauer gefährdet.

Die Mitglieder einer Gesellschaft / Gemeinschaft müssen an den allgemeinen, gesellschaftlichen Werten teilhaben und sie müssen die Möglichkeit haben, sich auch an den moralischen Diskursen über diese Werte und ihre Umsetzung beteiligen zu können. Moralische und soziale Lernprozesse können stimuliert werden. Hierfür braucht es allerdings Gelegenheiten zur Perspektivübernahme und zur Übernahme von Verantwortung. Die Schule als Sozialraum ist hierfür der richtige Platz. Entscheidend sind nicht die demokratisch herbeigeführten Lösungen, sondern die damit verbundenen diskursiven Prozesse und Begründungsmodi, die Gelegenheit zur Perspektivenübernahme bieten.

Versuchen wir doch einmal den Bildungsvermittler, also den Lehrer, im weitesten Sinne als Kulturvermittler zu verstehen. Und versuchen wir zu begreifen, dass das Lernen mit ihm – aus Sicht der Schüler – genau dann greift, wenn er sich als Ausführender kulturellen Handelns versteht. Die Lernsituation, soll sie vom Schüler genutzt werden, kommt nicht umhin, einen Ereignischarakter zu entwickeln.

Gelingt es, Lernen als gemeinsam inszenierten Lernprozess zu gestalten, haben wir sofort ein Vielfaches an Aufmerksamkeitsleistung im Raum, und das nicht nur auf Seiten der Lernenden, sondern auch auf Seiten des Bildungsvermittlers, der in diesem beschriebenen Rahmen ebenfalls Lernender bleibt. In diesem Setting spielen natürlich die Individualitäten der Handelnden eine größere Rolle als im traditionellen Überformungskontext. Hier werden deshalb eindeutig die Grenzen der Voraussehbarkeit und Planbarkeit sozialen Handelns sichtbar. Sinnliche und kontextuelle Bedingungen des gemeinsamen *Lernhandelns* sind also sehr viel bedeutungsschwerer als in den letzten Jahrzehnten angenommen.

Die Einmaligkeit des Handelns wird durch gesellschaftliche und kulturelle Muster ermöglicht. Handeln wird hier als Nachahmung, Teilnahme und kreative (Um-)Gestaltung kultureller Praktiken begriffen. Soziale Darstellungen und Modelle haben ganz einfach Orientierungscharakter. Der Handelnde inszeniert sein Tun und sich selbst. Dabei bringt er sich in seinen Handlungen in Erscheinung. Er erzeugt Bilder seines Handelns und seiner selbst in Form sinnlich-körperlicher Repräsentation für die Erinnerungs- und Vorstellungswelt seiner Mitmenschen.

Der Lernraum ist zwar ein ständig in anderer Form wiederkehrender und beständiger, andererseits aber immer wieder: ein einmaliges und zeitlich begrenztes Ereignis.

Im Alltag der Schulen finden nicht nur in offiziellen Lernprozessen viele Inszenierungen und Aufführungen sozialer Situationen statt, in denen Menschen zum Ausdruck bringen, wie sie gesehen werden wollen und welche Rolle sie in der Gemeinschaft einnehmen wollen. Beim Lernen vollziehen wir mithilfe sprachlicher Äußerungen Handlungen. Äußerungen können glücken oder missglücken, sie können rückblickend zusammenfassen, bereits erworbenes Wissen darstellen, sie können aber auch zukünftige Potenziale oder Möglichkeiten in der Darstellung des Gesamtzusammenhangs aufschließen und neugierig machen bzw. Triebkräfte zur Erschließung dieser Zukunftspotenziale werden. Dies wäre gleichbedeutend mit einem in der Gemeinschaft

verankerten, selbst verantworteten Lernen, das die Sicherheit und die
Ermutigung hat, dass das eigene Tun mithilft, die eigene Kultur weiter
zu performieren und zu transformieren.

In dieser Art offener Lernprozesse kommt es zu einer nachahmenden
Veränderung und Gestaltung des bereits Vorhandenen. Hier liegt die
Chance, das innovative und kreative Moment offener Lernprozesse mit
ins *Bildungsboot* zu holen.

Echtes Lernen, exploratives Lernen, das sich aus der situativen Kommunikation selbst entwickelt, wird nicht gespeist durch das Aufrechterhalten des Kanons von Beständigkeit, sondern erfährt Nahrung durch
den sinnvollen, sich ereignenden Bruch mit dem Kontext.

Unterricht, so verstanden, ist Aufführung und Durchführung von
Wirklichkeit. Der Klassenraum wird zur Bühne. Es findet in Echtzeit Bil-
dungsperformance statt. Erziehung ist eine Gabe. Erziehung ist ein über-
raschendes, sich aus der Zeit, der Verfügbarkeit und der Herstellbarkeit
entwickelndes Ereignis. Der Bildungsvermittler *gibt* nur dann Erziehung
und Bildung, wenn er nichts zurückverlangt und seine Maßnahmen ver-
gisst, sodass der zu Erziehende bzw. zum Lernen Anzuregende die zum
sich selbst vollziehenden Bildungsprozess notwendige Freiheit gewinnt.

Die Prozessualität der pädagogischen Situation vollzieht sich jenseits
bzw. unterhalb jeglicher – auch der professionellen – Intentionalität.
Mit der Erfüllung des Zieles, in den pädagogischen Institutionen dem
Einzelnen ein *Eigensein* zu ermöglichen, wird ihm auch ein Instrument
zur Verfügung gestellt, mit dessen Hilfe Kritik möglich ist, Alternativen
gedacht werden können und Veränderungen angestoßen werden können: Den Unterricht vollziehen statt vorgeben oder den Unterricht nicht
als Vortrag, sondern als zur Dialektik einladende Handlung verstehen.

Performativer Unterricht zeigt sich im praktischen gemeinsamen
Vollzug. Er führt sich selbst auf und wird dadurch zur einmaligen Aufführung, ähnlich der Theateraufführung, die sich für die Schauspieler
im eigenen Erleben niemals zweimal auf die gleiche Weise präsentiert,
auch wenn sie den gleichen Worttext zur Aufführung bringen. Klingt
das nicht spannend und aufregend zugleich? Können Sie sich vorstellen,
dass Schüler bei einem solcherart gestalteten Lernprozess einschlafen
könnten? – Wenn das Wissen durch gemeinsames Handeln und persönliches Ringen um die Sache in Erscheinung tritt und nicht mehr
eingetrichtert wird?

Dieser Prozess ist eng verbunden mit Körperlichkeit, Berührung,

Bewegung und Ausstrahlung. Dahinter verbergen sich Suchbewegungen des Antwortfindens und präzisierendes Selbstdeuten wie auch ein kommunikatives Wirken. Die *Tun-Wörter* sich bewegen, sich verhalten, agieren, interagieren zeigen die kommunikativen Elemente des performativen Unterrichtsgeschehens noch einmal greifbar auf. Der Lehrer unterrichtet nicht selten gegen eine Nichtaufmerksamkeit von weit über 70 %. Wenn man über den Dienst an den Unterrichtsinhalten hinaus keine gemeinsamen Werte verfolgt, auf die man sich verständigt hat, ist dies aber auch kein Wunder. Worum soll der Jugendliche mit dem Lehrer aktiv ringen? Worin besteht der Sinn des Geschehens, zu dem der junge Mensch eingeladen werden soll? Womit wäre er zu gewinnen? Was bräuchte es, damit Rituale der Begegnung und der aktiven Auseinandersetzung die Nichtkommunikation ablösen können?

Die konventionelle Vorlage legt bestimmte abrufbare Handlungsbereitschaften nahe. Schule setzt einen Rahmen, jede Handlung hat einen Anfang und ein Ende. Es kann geschehen, dass aus der Wiedergabe konventioneller Formen nicht konventionelle Formen resultieren. Hierfür braucht es aber initiative Impulse durch Schüler und Lehrer. Diese Änderung einer scheinbar beständigen Liturgie beruht auf der Möglichkeit, dass eine Form mit dem ursprünglichen Kontext brechen kann, und Bedeutungen und Funktionen annehmen kann, für die sie niemals bestimmt war. Ich wünsche Lehrern und Schülern den Mut, Unterricht, Unterrichtsgestaltung, Unterrichtsprozesse, Unterrichtsinhalte neu zu formen und ihnen eine Dimension des Subjektiven hinzuzufügen, die dazu führt, dass Lernen wieder Spaß macht, zur Anstrengung bis an die Leistungsgrenze verführt und man sich beim Lernen wieder miteinander verbindet.

XIV. Das Lernen lernen – Bildungskultur und berufliches Lernen

Uns allen ist es nicht verborgen geblieben, dass unsere Schullandschaft, die Art und Weise, wie Kinder beschult werden, in Bewegung geraten ist. Nicht zuletzt haben Sie alle von der Pisa-Studie gehört und von der Realität, auf die sich alle verständigt haben, die in der Bildung Verantwortung tragen, dass unsere Kinder ins Hintertreffen geraten sind im Vergleich zu anderen Ländern.

Aus meiner Sicht hat sich ein Erwartungs- und Bewältigungsdruck in Richtung Bildung und damit auch in Richtung Schulbehörden formiert, der sich aus den vier nachfolgend dargestellten Aspekten ergibt:

1. Die Globalisierung und Internationalisierung des Denkens, Handelns und Wirtschaftens, die einen hohen Bewältigungs- und auch Konkurrenzdruck erzeugt.
2. Die herausragende Bedeutung von Information, Kommunikation und Wissen.
3. Wachsende Schwierigkeiten bei der Steuerung komplexer werdender Systeme.
4. Die Verschiedenheit der entstandenen Biografien und entwickelten Lebensstile.

Alle vier Aspekte haben ambivalente Konsequenzen für die Menschen. Sie eröffnen neue Möglichkeiten und bringen zeitgleich spezifische Gefährdungen mit sich. In jedem Fall verändern sie aber die Vorstellung von Mensch und Welt und damit auch von Bildung. Der Druck ist da, Ideen und Bilder für Lösungen sind auch da, aber wie das so ist, werden von unterschiedlichen Gruppen unterschiedliche Lösungen bevorzugt und ein Teil möchte natürlich am liebsten alles so lassen, wie es ist. Wenn sie genau in sich hinein spüren, werden sie merken, dass diese äußeren Haltungen auch in Ihnen wirken. Keiner von uns weiß so ganz genau, wo es hingehen soll und fast jeder würde am liebsten manchmal alles aufhalten. Wir beklagen vieles, wissen aber vielleicht auch nur zum Teil, wie es zu lösen wäre. Im Hintergrund hat die Politik aber schon ganz ausschlaggebende Entscheidungen getroffen, Veränderungen eingeleitet und sich bestimmte Ziele gesetzt.

Da jedes Jahr, in dem die Schüler in die Schule gehen, Geld kostet, statt Geld einzubringen, hat die Politik entschieden, dass hier verdichtet werden muss: Nicht mehr mit sechs Jahren in die Schule, sondern mit fünf Jahren, nur noch acht Jahre Gymnasium statt neun, nur noch ein Bachelor-Studium als Grundlage in drei Jahren und nur für eine kleinere Gruppe der weiterführende Master-Studiengang.

Das spart verwaltungstechnisch betrachtet drei Jahre ein. Dazu kommt der kleine Nebeneffekt, dass Frauen viel früher in den Beruf gehen können und sich damit vielleicht auch früher auf eine Schwangerschaft einlassen.

Sie bemerken das in der Begleitung der Heranwachsenden an der erhöhten Anforderungsdichte, mit der die Schüler in der Schule konfrontiert sind und die den Jugendlichen natürlich auch Druck macht. Sie sind gestresster, unausgeglichener und aggressiver.

Wir haben es mehrfach schon benannt, dass dieses enge Geführt-Werden in der Schule von den meisten Pubertierenden als Gängelung empfunden wird.

Ausgerechnet in einer Phase, in der sie sich von allem Geworden-Sein und somit auch von allen äußeren Strukturen zurückziehen wollen, um, wie Goethe so schön sagte, zu prüfen, wie stichhaltig und nachhaltig das tatsächlich ist, was man von der (Groß-)Eltern-Generation / den Ahnen als Kulturgut vermittelt bekommen hat, wird ihnen überhaupt gar kein Spielraum gelassen, mit den vermittelten Kulturhaltungen, Kulturwerkzeugen und dem scheinbaren unverrückbaren Erfahrungswissen ihrer Kultur zu spielen und sie hart auf die Probe zu stellen. Doch nur wenn sie alles, was man ihnen als richtig vermittelt hat, auf Herz und Niere zu prüfen dürfen, nur wenn sie herausfinden können, dass an dem vermittelten Wissen doch etwas dran ist und dass die eingespielten Traditionen einen Sinn haben, nur dann können sie sich dafür entscheiden, sich dort wieder hineinzubegeben und sich die Werte unserer Gesellschaft so zu eigen zu machen, dass sie selbst als erwachsene Menschen dafür einstehen wollen.

Natürlich können wir die jungen Menschen nicht ins Nirwana entgleiten lassen, das wollen sie auch gar nicht. Sie wollen ein wenig Spielraum haben, um sich auszuprobieren. Sie wollen auch einmal aufbegehren, sich widerständig verhalten, sich verweigern, aber letztendlich wollen sie einen Weg finden, der sie in die Kulturgemeinschaft zurückführt, der sie sich grundsätzlich ja zugehörig fühlen.

Es ist hier ein gewaltiger Widerspruch entstanden, der dazu führt, dass immer mehr Jugendliche sich von der Schule abwenden und sie abbrechen oder mindestens erwägen, abzubrechen.

Ich selbst habe die Schwierigkeit, die die Schule an dieser Stelle hat, in der Begleitung meiner damals 10-jährigen Tochter erfahren: Sie liest schon immer sehr gern und sehr viel. Nun kam sie in die 5. Klasse des Gymnasiums und es war plötzlich die Rede davon, dass sie bis nach den Weihnachtsferien aus einer von der Schule vorausgewählten Anzahl von Büchern 30 Bücher lesen solle. Meine Tochter geriet so beim Lesen unter Druck, es machte ihr keinen Spaß mehr, es bereitete ihr sogar schlechte Laune. Das gleiche Tun – nämlich das Lesen – das sie zuvor entspannt hat, bei dem sie sich selbsttätig vergnügt hat, bei dem sie, ohne es vielleicht bewusst wahrzunehmen, ohne Anstrengung gelernt hat, war plötzlich zu etwas geworden, was sie am liebsten meiden wollte.

Das Beispiel macht deutlich: Wenn ihre Selbstverantwortung, ihre Selbsttätigkeit mit einbezogen werden, wenn sie es ein wenig selbst bestimmen kann, wie, wann und was sie lernt, leistet sie ein Vielfaches dessen, was sie zu leisten in der Lage ist, wenn sie verwaltungstechnisch vorgeschriebene Lernaufgaben abarbeitet.

Bei Jugendlichen wirkt diese Dynamik noch viel stärker. Lehrer sollten eher in Bildungsräume einladen anstatt Zielformulierungen vorwegzunehmen und Ergebnishürden aufzubauen, über die dann keiner mehr springen mag.

Ich bewundere meine Kinder dafür, wie sie versuchen, die gestellten Herausforderungen zu bewältigen. Ich denke z.B. an meinen Sohn, den ganz andere Dinge als die Lerninhalte der Schule bewegen und der stundenlang zu Hause sitzt mit Freunden, Musik produziert und dabei ganz eigentätig arbeitet. Längst hat er herausgefunden, wie er zu dem Wissen kommt, das er braucht, um mit seinen selbst gestellten Aufgaben weiterzukommen. Unsere Schulkultur ist in ihrer ganzen Breite leider sehr stark von einer Misstrauenskultur geprägt, die beteiligten Verantwortlichen haben oft das Gefühl, dass ohne Kontrolle gar nichts gelernt würde.

Dass der permanente Druck, der entsteht, weil die Schüler ausschließlich in ihrer Rolle wahrgenommen werden, die sie gut oder schlecht ausfüllen, aber auch dazu führt, dass die Jugendlichen in die innere Emigration gehen, will offenbar niemand so richtig sehen.

Auf der anderen Seite gibt es viele positive Beispiele, wie Kinder ihre Motivation beim Lernen zurückgewinnen. So hat sich z.B. in den klassenübergreifenden Montessori-Schulen gezeigt, dass Kinder sehr wohl Interesse haben, etwas zu lernen und dass es ihnen hilft, wenn wir an sie glauben und darauf vertrauen, dass sich die noch vorhandenen Lernlücken schließen werden. Natürlich müssen sie von den Lehrern in ihrem Tun gesehen und begleitet werden und natürlich braucht es das eine oder andere Mal vielleicht auch noch ein Angebot in die vermiedene Lernrichtung. Aber die Kinder lernen vor allen Dingen voneinander. Die Erstklässler sehen, was die Viertklässler können und sie wollen das natürlich auch können. Sie sehen, was die Gleichaltrigen tun und so entsteht ein ganz natürlicher Spannungsraum in ihnen, der sie vorwärtsbringt. Sie können so zyklisch in ihrer Eigen-Zeit und ihrem Eigen-Rhythmus lernen. Sicher wird es im Laufe der Zeit Klassenpläne geben, anhand derer sich die Kinder orientieren können und die ihnen die Entscheidung überlassen, bis in welche Vertiefungsstufe hinein sie die einzelnen Lernbereiche über das Jahr verfolgen.

Auch die Sicherheit, die Schule bisher vermittelt hat, dass sich das Leben in berechenbaren Stufen vollzieht, wenn man sie nur aussitzt und sich unauffällig verhält, kann so nicht aufrechterhalten werden. Das Leben findet eben nicht in Stufen statt. Das Prinzip 1. Klasse – 1. Etage, 2. Klasse – 2. Etage, 3. Klasse – 3. Etage usw. geht im Leben nicht auf. Peter Hoeg hat das 1. Klasse – 1. Etage Prinzip in seinem Roman »Der Plan von der Abschaffung des Dunkels« sehr schön dargestellt und entwickelt.

Die Schüler brauchen mehr Spielraum, Spielraum, der es auch einmal erlaubt, etwas ganz besonders gut oder auch einmal ganz besonders schlecht zu machen. Das ermöglicht ihnen, wichtige Grenzerfahrungen zu machen: Wenn ich als Schüler die Zeit einer Projektwoche mit meiner Gruppe nicht nutze, sondern verplempere und am Abschlusstag dann alle Projekte präsentiert werden und ich habe mit meiner Gruppe nichts geschafft, dann habe ich eine wichtige Erfahrung gemacht.

Wenn mich ein Thema besonders interessiert und ich knie mich dafür hinein, lese mich zusätzlich ein und erarbeite mir so eine Fülle von Informationen und Zusammenhängen, dann gibt mir das auch das Gefühl von Freude und Glück, ich erlebe mich selbst wirksam und plötzlich kommt es auf mich an, ich bin nicht mehr austauschbar und schon macht das Lernen wieder viel mehr Spaß.

Es ist ja nicht so, dass die Kinder nichts tun wollen, aber sie wollen es aus eigener Verantwortung tun und sie möchten in die *Weltverantwortung* Stück für Stück hineingenommen werden. Es muss bei allem Tun ein Sinn für sie sichtbar sein, dann können sie auch arbeiten. Manchmal weit über die von ihnen bisher gefühlten Grenzen hinaus.

Die Globalisierung, das *In-der-Welt-zu-Hause-Sein*, mit seinem Arbeitsplatz, mit seinem Lebensstandard, seinen Konsumgewohnheiten, seiner Freizeitgestaltung und seinen privaten Kontakten, verlangt nach Bereitschaft zu einem weltumspannenden Verstehen, zu einer eigenständig-kooperativen Auseinandersetzung mit Wirklichkeiten und zu einer gemeinsamen Verantwortung für die eine Welt, ohne dass die Identifikation mit der eigenen Kultur, das *Im-Vertrauten-zu-Hause-Sein*, vernachlässigt werden dürfte.

Will man, gesamtgesellschaftlich betrachtet, als Nation eine bedeutungsvolle Rolle im Gesamtverbund der Nationen spielen, oder individuell betrachtet, die vielen Annehmlichkeiten, die es in unserer Gesellschaft gibt, nur zu einem größeren Teil erhalten, werden wir nicht an Tugenden wie Gemeinsinn, Mitgefühl, Fleiß, Einsatz, Selbstverantwortung, Eigenaktivität, eigenständiges Denken und Handeln, unternehmerische Mitverantwortung in allen Lebensbereichen, am *prozessualen Beteiligtsein am Erwerb von Weltwissen*, vorbeikommen.

Wenn Wissen der wichtigste Produktions- und Überlebensfaktor des nächsten Jahrhunderts sein soll, wird es weder ohne solide Grundlagenkenntnisse gehen – verbunden mit Kompetenzen zum selbstständigen Verfügbar-Machen von Informationen – noch ohne Kategorien zur Filterung und humanen Nutzung von Daten- und Informationsfluten.

Das gesamtgesellschaftliche Ziel muss schon aus Gründen des friedfertigen *Miteinander-Leben-Könnens* der Generationen und Ethnien folgendermaßen lauten: die Komplexität und die Vernetzung der Systeme verstehen und darstellen können, Widersprüche und Ambivalenzen akzeptieren und aushalten können, rationale und emotionale Problemlagen zulassen können und alte Wissensarchitekturen zur Problemlösung ermitteln können, um neue Lösungsmuster, die größere Komplexität zulassen, entdecken zu können.

Die potenzielle Vielfalt an Bastelbiografien verlangt junge Menschen, die selbstreflexiv, engagiert und sozialverantwortlich denken und handeln lernen.

Elektronische Medien als Gestalter von Kommunikation nahezu in Echtzeit, überall auf der Welt, als Übermittler von Information und Wissen, sind unabdingbar zu beherrschende Instrumente der nachwachsenden Generation. Auch das Erlernen und Anwenden von Sprachen spielt in einer multinationalen Welt eine nicht zu unterschätzende Rolle. Und das alles unter dem Druck, die Schulzeit im Zuge der europäischen Angleichung zu verkürzen.

Aus meiner verkürzt dargestellten Ist-Analyse ziehe ich den Schluss, dass Lernen heute unmöglich mehr gleichgesetzt werden kann mit Belehrt-Werden. Es braucht heute ein bildendes Lernen, das das Lernen als aktiven selbst organisierten Prozess versteht. Soll das Lernen zum Weltverstehen, zum Selbstverstehen und zur Weltgestaltung beitragen, darf es nicht nur aus verpflichtend zu lernenden (exemplarischen) Lernstoffen bestehen. Vielmehr müssen die Schüler in der Schule angemessen

Zeit und Gelegenheit bekommen, um sich selbst mit ihren Interessen und Fragen, ihrer Neugier und ihren Problemen einzubringen. Dazu benötigen sie curriculare Freiräume, Situationen und Anlässe, Anregungen und wählbare Lernangebote, um sich dabei und daran bilden zu können.

Das spezifische Merkmal des menschlichen Lernens ist die Bedeutsamkeit des zu Lernenden für den Menschen selbst. Er will den Sinn des Lerninhalts wissen und verstehen, sei es,

- dass er ihn selbsttätig entdeckt (d.h. Konstruktion von Erfahrungen, Selbsterfahrung).
- dass er verstehend den Sinn nachbildet, den andere dem Lerninhalt gegeben haben (d.h. Rekonstruktion von Erfahrungen anderer, Übernahme von Fremderfahrungen).
- dass er auf Veranlassung von Sachverhalten oder Menschen seine Wissensbestände und Einstellungen modifiziert (d.h. Dekonstruktion eigener Erfahrungen).

Der Mensch lernt also entweder sinnvoll entdeckend oder sinnvoll rezeptiv. Der Mensch muss heute Bildung als bewusste Form der Selbstbildung annehmen und die volle Verantwortung übernehmen, auch wenn er einen Mentor oder einen *Instrukteur* oder einen *Lernbegleiter* an seiner Seite hat. Er muss mit formulieren helfen, welche Form von Lernräumen er jetzt gerade braucht und diese dann auch mitgestalten bzw. sich mit größtmöglicher Intention in vorbereitete Lernräume einbringen.

Aus meiner Sicht ist es zwingend erforderlich, dass sich Schule, Schulleitung, Lehrerkollegien, (Sozial-)Pädagogen, Eltern und Schüler auf die erforderliche neue Qualität des Lernens verständigen, die auf die Anforderung des lebenslangen Lernens und des zukunftsgerichteten kreativen Umgangs mit Wissen vorbereiten. Sie müssen sich auf ihre neuen Rollen und Verantwortlichkeiten in diesem neu definierten Lernarrangement gemeinsam verständigen.

Neben der Sicherung von grundlegenden Kenntnis- und Wissensbeständen über einen verpflichtenden Bildungskanon, der sich aus der Sicht des heutigen Weltbildes und heutiger Wertvorstellungen ergibt, muss gleichgewichtig die Fähigkeit zur Modellierung von zukünftiger Wirklichkeit und zum methodisch kompetenten, selbstständigen Aufbau von Architekturmustern für Wissenschaft, Gesellschaft und Lebenszusammenhänge treten.

Die Bereitschaft zu Innovation, Kreativität, Experimentierfreudigkeit, eigenverantwortlichem Engagement und wertorientierter Reflexion braucht, soll sie geweckt und erhalten bleiben, ein angemessenes Verhältnis von methodisch qualitativ anspruchsvollem lehrgangsorientiertem Unterricht und offenem Unterricht.

Im Übrigen gilt das für alle Schultypen: Wer diese Art von Selbstverantwortung nicht lernt, kommt in der Welt von Morgen nicht mehr zurecht. Nicht umsonst nimmt die Zahl der gesetzlichen Betreuer flächendeckend zu, weil es immer mehr Menschen gibt, die in dieser unübersichtlichen Welt nicht mehr zurechtkommen, falsche oder gar keine Entscheidungen treffen und sich darin nicht mehr so selbstverantwortlich bewegen können, dass sie nicht auffällig werden oder sich an den Abgrund manövrieren.

Was aber machen wir als Eltern / als Pädagogen dort, wo die Schule noch nicht so ist? Wir helfen den Jugendlichen dabei, dass sie sich mit den vorhandenen Bedingungen arrangieren können, aber vermitteln ihnen auch, dass wir wissen, wie anstrengend das für sie ist. Gleichzeitig unterstützen wir sie, dass sie ihre Hobbys und Interessen verfolgen, über die sie alles lernen, was es braucht: Sie brauchen Biss, Durchhaltevermögen, Ideen, Kreativität, manchmal das Wissen anderer, sie brauchen Kontakte, Pausen, sie brauchen Erfolg und sie müssen dran bleiben, wenn am Ende etwas sichtbar werden soll, was sie zufriedenstellt. Dieses Glücksgefühl, das aus einem kreativen Selbstschöpfungsprozess entsteht, ist mit Sicherheit wesentlich nachhaltiger als das Gefühl, das die Jugendlichen manchmal über Drogen herzustellen versuchen.

Unsere Art der Schule, so wie wir bisher den realen Schulalltag angelegt haben, pflegt vor allen Dingen folgende Grundhaltungen bei den Schülern. Sie:

– entwickeln Versorgungsmentalität.
– finden vieles schlecht in der Schule oder im Unterricht, ohne Verantwortung für die Veränderung zu übernehmen bzw. überhaupt zu sehen, dass sie mit eigener Wirksamkeit zur Veränderung beitragen könnten.
– nehmen vieles hin, fühlen sich ausgeliefert, denken, man kann selbst nichts tun.

Die Schüler sind im Bildungssystem der Schule im Grunde oft unterfordert und bewegen sich möglichst mit geringstem Aufwand und größtmöglichem Erfolg im System. Die Schüler lernen sich systemimmanent zu verhalten, das System zu bedienen, ohne Verantwortung für ihren eigenen noch offenen Möglichkeitsraum im Dienste ihrer selbst und der Gesellschaft zu übernehmen.

Wenn man aber mit den Schülern redet, hört man sehr wohl heraus, dass es ihnen eigentlich gut täte, mehr Verantwortung für sich und die Welt zu übernehmen.

Eigentlich will man ja Verantwortung haben, neue Dinge entdecken, man will gestalten, erkennen, dass man für die Gesellschaft / in der Gesellschaft seinen Beitrag zur Weiterentwicklung leistet, man will Lernprozesse selbst gestalten lernen. – Wenn das alles nur nicht so anstrengend wäre!

XV. Personale Ressourcen der Jugendlichen

Jeder Mensch, folglich jeder Jugendliche, hat Schwächen und Stärken. In mancher Schwäche liegt eine Stärke und in mancher Stärke eine Schwäche. Der eine schämt sich für seine Schüchternheit und leidet an ihr und der andere ist gerade froh, dass da jemand ist, der Zeit braucht, weil er dadurch sicher sein kann, dass er nicht überfahren wird und sich womöglich verliert. Der andere hält sich für großartig und ist es in bestimmten Bereichen vielleicht sogar, aber die anderen halten Abstand zu ihm, weil er sich selbst so wichtig ist und das Außen kaum wahrnimmt.

Die eine Gruppe braucht mehr sachlich-strukturierenden Zuwachs, der versachlichen und präzisieren hilft, die andere mehr initiativ-kreative Kräfte, die impulsgebend wirken.

Deshalb sollten wir beim Blick auf den Einzelnen Abstand nehmen von einer am Defizit orientierten Brille, die sich darauf beschränkt Störungen wahrzunehmen.

Es geht aus meiner Sicht eher darum, individuelle Ressourcen nutzbar zu machen für die Gruppe, personelle Faktoren in den Blick zu nehmen, individuelle Stärken kompatibel zu fördern und Talente in den Dienst der Gruppe stellen zu lernen.

Selbstvertrauen entsteht durch die Überwindung von Krisen und führt obendrein zu realistischen Überzeugungen und Haltungen. Selbstwirksamkeit bestärkt und ermutigt die Eigenaktivität. Flexibilität entsteht durch eine große Bandbreite an Erfahrungen und damit verbundenen Anforderungen, um diese zu bewältigen. Sinnhaftigkeit als Lebensgrund bildet eine gute Wurzel für Stehvermögen.

Selbstvertrauen und positives Selbstwertgefühl helfen bei der Bewältigung von leichten, multiplen Risiken und kritischen Lebensereignissen. Ebenso puffern befriedigende soziale Beziehungen und Unterstützung durch Freunde und Angehörige Risiken ab. Personale und soziale Ressourcen helfen, hoffnungsfroh zu sein und zu bleiben.

Gibt es Freunde und verlässliche Bezugspersonen? Hat der junge Mensch Interessen, Hobbys und Stärken? Welche Bewältigungsformen hat er entwickelt und welche Art von Problemwahrnehmung steht ihm zur Verfügung?

Soziale Kompetenz, soziale Einbettung, familiäre Einbettung, emotionale Offenheit, Optimismus, Glück, Sinnerleben, Handlungskompetenz, Fähigkeit zur Bewältigung alltäglicher Belastungen, Fähigkeit zum autonomen Denken und Handeln, Motivation zur Selbstreflexion, Motivation zum Lernen, Offenheit in der Kommunikation, Fantasie und Kreativität, intellektuelle Begabung, Akzeptanz eigener Bedürfnisse, Veränderungsmotivation, Problembewältigung, Emotionsregulation, Selbstvertrauen, Flexibilität und kognitive Fähigkeiten – auf all diesen Facetten gründen sich personale Schutzfaktoren. Wer hiermit gut ausgestattet ist, hat gute Entwicklungsmöglichkeiten.

Die *personalen Ressourcen* deuten auf die individuellen Bewältigungsfähigkeiten im Hinblick auf die vier wesentlichen Entwicklungsaufgaben im Übergang vom Jugendalter ins Erwachsenenalter (Übergang in die Berufsrolle, Übergang in die Partner- und Familienrolle, Übergang in die Konsumentenrolle und Übergang in die politische Bürgerrolle; siehe Vorwort von Klaus Hurrelmann).

Wer die eigene Person akzeptiert und achtet, sich selbst als wertvoll erlebt, dessen Persönlichkeit scheint auf einem gesunden Selbstwertgefühl zu beruhen. Wer sich bei Schwierigkeiten selbst zu helfen weiß oder z.B. andere Personen um Hilfe oder um Rat bitten kann, besitzt so etwas wie eine aktive Problemlösefähigkeit.

Wer sich zutraut, das in einer Situation geforderte Verhalten ausführen zu können oder auf eine Situation im Sinne der eigenen Bedürfnisse aktiv gestaltend einzuwirken, der erfährt eine hohe Selbstwirksamkeit.

Junge Menschen haben eine hohe gesunde und sinnerfüllte Lebensperspektive, wenn:

- Anforderungen und Zumutungen, mit denen sie konfrontiert werden, für sie vorhersehbar und begreifbar sind (Vorhersehbarkeit).
- Möglichkeiten der Einflussnahme auf Entwicklungen und Ereignisse gegeben sind (Machbarkeit) und
- die Möglichkeit besteht, unter diesen Bedingungen individuelle oder kollektive Ziele anzustreben und zu erreichen (Sinnhaftigkeit).
- sie sich zutrauen, Lebensschwierigkeiten und Belastungen standhalten zu können und in die eigene Belastbarkeit vertrauen.

Standhaftigkeit ergibt sich vor allen Dingen aus folgenden Qualitäten:
- das Gefühl der Kontrolle über die Geschehnisse im Leben,
- ein starkes emotionales Engagement in verschiedenen Lebensbereichen und im Kontakt mit anderen Personen,
- das Gefühl, Veränderungen im Leben primär nicht als Bedrohung, sondern als Herausforderung zu erleben.

Hurrelmann[1] hat vier extreme Erziehungsstile benannt: den autoritären, den permissiven, den vernachlässigenden und den überbehütenden Erziehungsstil. Keiner von ihnen ist gut für eine gesunde Identitätsentwicklung. Angestrebt werden sollte nach Hurrelmann der autoritativ-partizipative Erziehungsstil, der Elemente aus allen Extrem-Stilen enthält, aber keinen überwiegen lässt.

Persönlichkeitsentwicklung geschieht aus einem Wechselspiel zwischen Anlage und Umwelt und dem kreativen Umgang mit der sich daraus entwickelnden Auseinandersetzungsspannung. Ein junger Mensch entwickelt sich durch kritisches Auseinandersetzen mit den Werten und Normen der Gesellschaft, die er gegebenenfalls an seinen eigenen, selbst festgelegten Werten, Normen und Idealen misst oder die er gar an die seinen anzupassen versucht.

Jugendliche müssen *schöpferische Konstrukteure* ihrer selbst werden, ausgestattet mit der Kompetenz zur eigengesteuerten Lebensführung. Das bedeutet, dass sie sich selbst durch Ausprobieren erfahren und man sie deshalb gewisse Erfahrungen selbst machen lassen sollte. Schließlich wächst jugendliche Autonomie auf dem schmalen Grat zwischen Individuation und Integration.

Wir Menschen sind ständig mit belastenden, widrigen und wider-

---

1 Hurrelmann, Klaus (2004): Was Jugendliche wagen, Weinheim/München.

sprüchlichen Alltagserfahrungen konfrontiert. Der Organismus reagiert auf solche Stressoren mit einem erhöhten Spannungszustand, der pathologische, neutrale oder gesunde Folgen haben kann, je nachdem, wie mit dieser Spannung umgegangen werden kann. Der Erfolg der Bewältigungsbemühungen wird wesentlich von der Verfügbarkeit und Mobilisierbarkeit der Ressourcen abhängen und natürlich davon, wie den jeweiligen Situationen Bedeutung gegeben wird.

Erlebt jemand ein durchgehendes, aber dennoch dynamisches Gefühl von Zuversicht, auf dessen Hintergrund die Ereignisse der inneren und äußeren Umwelt im Lebenslauf strukturiert, erklärbar und vorhersehbar sind, dann wird er dem Leben vertrauen und sich ihm auch anvertrauen.

Sind zudem die Ressourcen verfügbar, um den durch diese Ereignisse gestellten Anforderungen gerecht zu werden und um diese Anforderungen als Herausforderungen zu verstehen, die es wert sind, sich für deren Bewältigung einzusetzen und zu engagieren, dann wird das Gefühl der Sicherheit des *In-der-Welt-Seins* vorherrschend sein. Verstehbarkeit, Handhabbarkeit und Lösbarkeit sind eine gute Grundlage für die optimale Nutzbarkeit persönlicher Ressourcen.

Verstehbarkeit bezieht sich auf das Ausmaß, in welchem man externe und interne Stimuli als kognitiv sinnhaft, als geordnete, konsistente, strukturierte und klare Informationen wahrnimmt. Die Person mit einem hohen Maß an Verstehbarkeit geht davon aus, dass Stimuli, denen sie in Zukunft begegnet, vorhersagbar sein werden oder dass sie zumindest, sollten sie tatsächlich überraschend auftreten, eingeordnet und erklärt werden können.

Handhabbarkeit und Lösbarkeit von Anforderungen: In der Handhabbarkeit spiegelt sich das Ausmaß wider, in dem man wahrnimmt, dass geeignete Ressourcen zur Verfügung stehen, um den Anforderungen zu begegnen.

In der *Bedeutsamkeit* spiegelt sich das Ausmaß wider, in dem man das Leben als sinnvoll empfindet. Es ist schön, wenn man spürt, dass wenigstens einige der vom Leben gestellten Probleme und Anforderungen es wert sind, dass man Energie in sie investiert, dass man sich für sie einsetzt und sich ihnen verpflichtet fühlt; dass sie eher willkommene Herausforderungen darstellen als Lasten, die man gern los wäre.

Gelingendes Leben findet immer auch eine Balance zwischen Unterforderung und Überlastung. Viele Lebenserfahrungen können konsistent und ausgeglichen sein, sind aber nicht auf unser eigenes Tun oder unsere eigenen Entscheidungen zurückzuführen. Der Glaube an sich selbst entsteht dort, wo wir mit eigenen Kräften dazu beigetragen haben, dass sich Ausgeglichenheit als Kontinuum einstellt.

Wenn Menschen keine sinnhafte Orientierung in ihrem Leben finden oder herstellen können, dann wirkt sich das demoralisierend aus. Dies führt zu Haltungen und Grundeinstellungen, die durch ein geringes Selbstwertgefühl, Hilflosigkeit, Hoffnungslosigkeit, unbestimmte Zukunftsängste und allgemein gedrückter Stimmung geprägt sind.

Wenn andere alles für uns entscheiden, wenn sie die Aufgaben formulieren, die Regeln aufstellen und die Ergebnisse managen, und wir in der Angelegenheit nichts zu sagen haben, dann werden wir zu Objekten reduziert. Eine Welt, die wir somit als gleichgültig gegenüber unseren Handlungen erleben, wird schließlich eine Welt ohne Bedeutung für uns.

Wenn ich an der Gestaltung des Handlungsergebnisses partizipativ Anteil habe, stärkt das eindeutig die Bedeutsamkeitskomponente im Hinblick auf meine Verbindung zu dieser Sache.

Die Frage nach den persönlichen Ressourcen von Jugendlichen knüpft sich demzufolge ganz eng an deren Fähigkeit, sich trotz aller auch widrigen Erfahrungen, eine hinreichend gute Vorstellung von ihrem Leben und ihrer Zukunft zu erhalten.

Betrachten wir die Situation eines Schülers, der in Mathematik in der Regel gute Leistungen bringt und dann plötzlich in Mathe eine Fünf schreibt, dann wird es dem Schüler vermutlich folgendermaßen ergehen: Er wird sich einen Moment niedergeschlagen und deprimiert fühlen, aber dann doch sehr schnell seine Zuversicht zurückgewinnen, indem er sich klar macht, dass er ja das nächste Mal, mit etwas mehr Anstrengung vielleicht, eine Zwei oder gar eine Eins schreiben kann.

Ein anderer guter Schüler schreibt vielleicht in allen Fächern Einsen und Zweien, nur in Mathe ist er mit einer besonderen Schwäche behaftet. Dies bedeutet für ihn, der sonst sehr erfolgsverwöhnt ist, sicher einen ständigen Stachel im Fleisch, dessen Wunde nie ganz verheilt, aber auch bei ihm wird im Laufe der Zeit die Zuversicht wieder einkehren. Es wird sich im Laufe der Zeit die Gewissheit entwickeln, dass sich die Fünf in Mathe durch die Zweien und Einsen in anderen Fächern ausgleichen lässt. Und mit Sicherheit wird sein Studienziel nicht Mathematik sein und so bleibt die Dauer des Leidens überschaubar und er wird deshalb die Hoffnung in die Entwicklungsmöglichkeiten seines Lebens nicht verlieren.

Ein dritter Schüler schreibt in allen Fächern ständig Fünfen und er hat keine Aussicht auf einen erfolgreichen Abschluss der Schullaufbahn. Wenn er seinen Selbstwert ausschließlich aus diesem schulischen Umfeld bezieht, dann sieht es schlecht für ihn aus, denn der kann dann nur sehr gering sein. Nicht selten sind aber solcherart betroffene Jugendliche in der Lage, sich auf einem Nebenschauplatz, den für ihre Entwicklung notwendigen Selbstwert zu holen. Vielleicht haben sie ihre Talente eher beim Rappen, beim Fußball spielen, beim Singen oder Tanzen, beim Kickboxen oder Zaubern und sie können sogar aus ihrem Talent irgendwann einmal einen Beruf machen. Auch dann werden sie in der Lage sein, sich eine hinreichend gute Zukunft für ihr Leben vorzustellen.

Sollte auch solch ein Talent nicht gegeben sein, dann sind wir Pädagogen, die wir ja in der Regel aus der bürgerlichen Mittelschicht kommen mit unserem Latein nicht selten am Ende. Denn all das, was wir gelernt haben: Ohne Fleiß kein Preis – Dem Tüchtigen winkt das Glück usw. geht hier nicht auf.

Aus meinem langen und facettenreichen Berufsleben weiß ich aber, dass das so nicht sein muss. Ganz in der Nähe meiner Wahlheimatstadt Schwäbisch Hall gibt es z.B. ein ganzes Dorf von fahrenden Händlern. Die Wenigsten von ihnen haben es zu einem ordentlichen Schulabschluss gebracht und trotzdem ist aus ihnen etwas geworden. Sie betreiben Fahrgeschäfte auf dem Vergnügungsmarkt, beschicken Jakobimärkte und Jahrmärkte, führen Schießbuden und Bockwurstverkaufsstellen oder verkaufen Lose, zum Gefallen aller, die den Alltag hin und wieder durchbrochen wissen wollen durch solche Ereignisse. Sie haben ihr Auskommen, sind ihr eigener Herr und sind durchaus in der Lage, eine eigene Familie zu ernähren.

Von einer ehemaligen Sonderschülerin, die an Schulprojekten von mir teilgenommen hat, weiß ich, dass sie sich auf die Zucht ganz bestimmter Hütehunde spezialisiert hat und damit ihr Auskommen fristet. Zudem nimmt sie andere Hunde in Urlaubspflege, wenn Frauchen und Herrchen einmal ohne Hund reisen wollen.

Von einem Hauptschüler mit knapp erreichtem Abschluss weiß ich, dass er bestimmte französische Autos aufkauft und diese in Deutschland wieder verkauft. Er hat sich da einen ganz eigenen Markt geschaffen. Ein Abgänger ohne Schulabschluss hat sich auf Hagelschaden an Autos spezialisiert und hat damit sein Auskommen auf solide Beine gestellt.

Was all diesen Beispielen gemeinsam ist: Die Menschen haben sich aus eigener Kraft mithilfe ihrer Fantasie und entsprechenden Umständen eine Lebensperspektive geschaffen und eine naheliegende Hoffnungslosigkeit in ein Leben mit einer hinreichend guten Zukunft verwandelt.

Sollte es deshalb nicht die Aufgabe von Pädagogen sein, zu einer solchen Vorstellung von einer hinreichend guten Zukunft bei jedem Schüler beizutragen, anstatt sie an Maßstäben zu messen, bei denen sie nur schlecht abschneiden können?!

XVI. Peergroups als physisches und soziales Kapital

Was von Erwachsenen oft misstrauisch beäugt wird, sind Situationen, in denen sich Jugendliche ohne erwachsene Kontrolle treffen und dort in Eigenbewegungen kommen, die sich den Erwachsenen nicht erschließen bzw. sich diesen entziehen.

So war ich vor einigen Jahren von den Jusos zu einer Veranstaltung zusammen mit dem SPD-Bundestagsabgeordneten eingeladen, dessen Ziel es war, einen Diskussionsraum zum Thema LAN-Partys und Jugendliche bzw. Jugendliche und Internet anzubieten. Es waren sehr viele junge Menschen gekommen, aber auch Erwachsene in Sorge oder aus Interesse.

Es wurde schnell deutlich, dass es den Jugendlichen durchaus etwas ausmacht, von den Erwachsenen mit Misstrauen begleitet zu werden, in einer Sache, die ihnen selbst so viel Spaß macht und so viel bedeutet. Letztendlich warben sie mit großer Geduld darum, dass sich die Erwachsenen doch bitte damit beschäftigen sollen, um aus eigener Erfahrung mitreden zu können. Das schnelle Urteilen der Erwachsenen empfanden sie durchaus als kränkend. Sie verbuchten es folgendermaßen: »Im Grunde haben sie keine Ahnung, nehmen sich auch keine Zeit, sich damit zu befassen, und gehen ins Urteil ohne eine wirkliche Vorstellung von dem zu haben, was da zwischen uns stattfindet.«

Die Erwachsenen urteilten also über eine Sache, von der sie nicht wirklich ein Bild haben. Sie hatten keine Ahnung, was die jungen Menschen bei einer solchen LAN-Party miteinander machen. Dass dem eigentlichen Spiel ein stundenlanger Aufbau eines gemeinsamen Netzwerkes vorausgeht, das Wissen voraussetzt, um das manche Firma froh wäre, weil sie dann problemlos ein Intranet für ihre Mitarbeiter einrichten könnte, erschloss sich den Erwachsenen erst an diesem Abend. Dass ein PC, der sich zunächst, aus welchem Grund auch immer, nicht ins gemeinsame Netz einbinden lässt, die Aufmerksamkeit aller bekommt, um auch ihn kompatibel zu machen, dass also soziales Miteinander und Füreinander stattfindet, das keinen ausschließt, sondern um jeden Einzelnen ringt, erfüllte die Erwachsenen mit Staunen. Es war den meisten Erwachsenen nicht klar, dass dieser Aufbau einen Gutteil der gemeinsamen Zeit in Anspruch nimmt. Sie waren ausschließlich mit der Besorgnis behaftet, welche Auswirkungen diese Gewaltspiele auf ihre *Kinder* haben werden. Es wurde nicht gesehen, dass, wer tragende Beziehung kennengelernt hat und konstruktive Auseinandersetzung mit anderen alltäglich eingeübt hat, nicht einfach mal so gewalttätig wird. Im Grunde wurde die erwachsene Angst nicht in einen Zusammenhang zur gelebten und erfahrenen Beziehungsrealität ihrer Jugendlichen gebracht.

Jugendliche machen sich auf den Weg, verfolgen ganz eigene Suchbewegungen, die in eine eigene Bewegung münden. Ganz absichtlich koppeln sie sich ab von den Eltern oder anderen Erwachsenen, weil sie ja sich selbst erfahren und entdecken wollen. Dies erfordert von den Erwachsenen viel Aufmerksamkeit und das Gespür für den richtigen Moment. Es braucht das Vertrauen, die Jugendlichen in diese eigene Bewegung hinein zu entlassen, es braucht aber auch die Möglichkeit zur Rückkopplung, wenn Situationen entstehen, die von den Eltern als gefährdend erlebt werden. An dieser Stelle ist auch einmal Auseinandersetzung und Streit, ja vielleicht sogar Konfrontation mit der eigenen Sorge angebracht. Doch bevor der Erwachsene tätig wird und steuernd eingreift, sollte er sich interessiert haben, zugeschaut und zugehört haben. Die Bereitschaft, Gast zu sein in der Lebenswelt der Jugendlichen, ohne gleich zu beurteilen oder gleich in die eigene Angst zu fallen, ist eine Voraussetzung dafür, dass die Jugendlichen den Einwand oder die Sorge der Erwachsenen ernst nehmen können.

Jugendliche kommen in ganz eindeutigen Settings zusammen, die vorwiegend konstruktiv-schöpferischen Charakter haben. So hat mein Sohn Paul in frühen Jahren mit dem Keyboard-Unterricht begonnen. Sein Freund Benjamin lernte Schlagzeug und immer schon war da die Idee, einmal eine Band zu gründen. Immer wieder kamen sie auch mit ihren Instrumenten zusammen und wagten erste gemeinsame musikalische Gehversuche.

Plötzlich wollte Paul dann seinen Keyboard-Unterricht kurz vor der Sommerpause aufgeben. Auf Nachfragen, teilte er mit, dass der Unterricht langweilig geworden sei und ihn nicht mehr interessiere. Da war er vielleicht 13 Jahre alt. Ich erwiderte ihm, dass es ihm natürlich frei steht, mit dem Unterricht aufzuhören, dass ich aber finde, dass sein Lehrer nach so langer Begleitung die Chance verdient hat, von seiner Langeweile zu erfahren, um zu schauen, ob er den Unterricht wieder interessanter gestalten kann. Wir verabredeten, dass er mit dem Lehrer noch vor der Sommerpause darüber spricht und, wenn sich nichts ändert, zu Weihnachten aufhören kann.

Ich selbst bin dann mit ihm noch in ein Musikspezialgeschäft gegangen, die dort ausgefeilte Musikcomputer in Koppelung mit KeyboardFunktionen zum Anschauen vorhalten, um ihm eine Perspektive möglicher weiterer Entwicklungen eröffnen zu helfen. Nichtsdestotrotz versiegte sein Interesse an seinem Musikinstrument. Es folgten einige Jahre, in denen mein Sohn ganz unterschiedliche Instrumente ausprobierte und sich den Umgang mit ihnen autonom aneignete. Über kleine Videos im Internet lernte er bestimmte Techniken und Anwendungsformen mit den Instrumenten kennen. Dann entdeckte er die musikalischen Möglichkeiten seines PCs und kaufte sich über die Jahre verschiedene Musikprogramme. Mit Hip-Hop fing alles an. Irgendwann kaufte er sich dann ein hochprofessionelles Mikrophon und begann, experimentell mit Aufnahmen zu jonglieren.

Jetzt kam es wieder zu Sessions mit anderen Jugendlichen oder sogar jungen Erwachsenen, die das gemeinsame Ziel des Musikmachens miteinander verband. Irgendwann spielte er mit einem Freund eine ganze CD ein, andere wurden dazu geholt, wo nötig. In jüngerer Zeit wiederum kam ein Kontakt mit jungen Leuten zustande, die bereits den dritten Spielfilm fertigten und die ihn unbedingt bei einem Filmpreiswettbewerb einreichen wollten. Das Vorhaben scheiterte aber bislang, weil der Film mit eigener Musik bestückt sein musste, wegen der GEMA-Gebühren. Für Paul war das die Gelegenheit, kennenzulernen, wie sich das anfühlt, Filmmusik für einen Film zu schreiben. Aus dieser Zusammenarbeit ergaben sich für ihn natürlich auch neue Kontakte usw.

Diese Geschichte steht für viele Geschichten von Jugendlichen, die ein spezielles Feld für sich entdecken und sich auf den Weg machen, darin Erfahrungen zu sammeln. Man stößt an eigene Grenzen, entwickelt Durchhaltevermögen, lernt, sich um einer Sache willen durchzubeißen und erntet immer wieder auch die Früchte seines Bemühens. Ganz nebenbei entwickeln sich tragende, soziale Kontakte, die sich im gemeinsamen Interesse finden. Ganz anders als in der Schule wissen die Jugendlichen dabei nur selten im Voraus, wohin sie der Weg führt. Über das Experimentieren entsteht Neugier und Spannung, beides Elemente, die das Leben braucht und die die Jugendlichen auch suchen, um sich selbst zu spüren und zu erfahren. Der eigene schöpferische Prozess, sei er zwischendurch auch noch so anstrengend und wenig Ertrag bringend, beschert letztendlich eine Lebensfreude, die beim geführten Lernen sich in dieser Weise nicht einstellen kann.

Werden junge Menschen in diesen Eigenbewegungen unterstützt, machen sie auch jede Menge Grenzerfahrungen und erleben Abenteuer ganz eigener Art.

Die Ressourcen der Peergroups könnten im gemeinsamen Lernfeld Schule viel besser genutzt werden, wenn sich Pädagogen mehr auf das Initiieren und Interesse wecken beschränken würden und nicht immer denken würden, sie müssen alles schon wissen, bevor sie es jungen Menschen beibringen. Diese wollen sich nämlich sehr gern über Versuch und Irrtum Wissen selbst, in eigener Verantwortung, erschließen.

Gerade in Sonderschulen habe ich die Erfahrung gemacht, dass Heranwachsende, die scheinbar unkonzentriert sind und lernunfähig, bei gemeinsamen Projekten mit Freiheit in den Lernwegen und Autonomie in der Suche nach Wegen der Umsetzung, mit großer Ausdauer in der Lage sind, sich einzubringen und dranzubleiben. Einzig ein Bild, eine Vision, wohin die Reise gehen soll, das ihre Neugier weckt und ihre Kräfte mobilisiert, ist notwendig, um mit ihnen einen Anfang zu finden. Oft war die Videokamera oder eine Initialzündung der Auslöser für intensives Miteinander.

Was hindert uns daran, an die Ressourcen Jugendlicher zu glauben und auf sie zu setzen? Ist es so, dass wir in Sorge geraten, dass unsere eigene Bedeutung abnimmt? Oder ist es so, dass die *Ent-Täuschung* darüber, dass wir eben nicht unersetzlich und dringend notwendig sind, uns in unserem Gefühl von eigener Wichtigkeit enttäuschen würde? Ich sehe ansonsten keinen sachlichen Grund auf diese Ressourcen zu verzichten. Mehr Zutrauen in eigenverantwortliches Arbeiten würde es uns Pädagogen ermöglichen, sich noch gezielter und fruchttragender zur Verfügung zu stellen.

C Relative Autonomie auf dem Konsumwaren- und Freizeitmarkt

XVII. Finanzielle Abhängigkeit und seelische Reifung – ein erschwerter Balanceakt

Geld spielt in unserer Kultur eine große Rolle. Mit Geld glaubt man sich frei zu kaufen, wenn man bedürftig ist. So kann ich mich an unterschiedliche Situationen erinnern, in denen älteren Menschen unerwartet Hilfe widerfuhr und diese dafür bezahlen wollten, um niemandem etwas schuldig zu bleiben. Es gibt eine verbreitete Haltung in unserer Kultur, abzuwägen, wenn ich etwas bekomme, was ich dafür geben muss und wenn ich etwas gebe, was ich dafür bekomme. Wer Geld hat, kann sich im Grunde fast jede Dienstleistung einkaufen.

Unsere Gesellschaft basiert darauf, dass Arbeitskraft und Lebenskraft, dass Waren und Produkte gekauft und verkauft werden und in pekuniärem Wert gemessen werden.

Zunehmend mehr wird es modern, dass Unternehmen in kluger Weise überlegen, wie sie ihre Kunden dazu bringen, unentgeltlich für sie tätig zu werden. So ist es in den meisten Supermärkten üblich, dass der Kunde sein Leergut selbst aufräumt, ehe er seinen Bon dafür bekommt. Ganz selbstverständlich geworden ist es, dass wir uns selbst in den Regalen bedienen und niemanden mehr dafür brauchen, um unseren Einkaufswagen zu füllen. Die Banken wie auch die Bahn und andere Anbieter werden über die Online-Buchung entlastet und sparen Personal. Ich selbst bekam von der Telekom dreimal ein kaputtes Gerät zugeschickt und war dennoch verpflichtet, diese Geräte jeweils mit der Post zurückzusenden, wollte ich meinen Anspruch auf Ersatz nicht verlieren. Selbstverständlich fängt man da an, geizig zu werden mit seinen Einsätzen. *Geiz ist geil* ist ein sichtbares Motto für diese Haltung.

Weil die beruflichen Anforderungsräume für die, die Arbeit haben, immer enger und dichter werden, das Letzte von uns abverlangen und wir unsere ganze Freizeit dafür einsetzen müssen, um uns wieder arbeitsfähig zu machen für den nächsten Tag, werden wir natürlich auch immer geiziger damit, etwas zu verschenken. Wer will schon in seiner

Freizeit Freunden beim Umzug helfen oder für die ältere Nachbarin die Sprudelkiste kaufen, wo er doch dringend diese Zeit zur Regenerierung braucht. Das schwer verdiente Geld hält man natürlich auch fest.

Mein und dein wird in einer solchen Umgebung natürlich stärker konturiert als in einer Kultur, in der Besitz gar nicht diese individuelle Bedeutung hat. Das Wasser, der Wald oder auch andere naturgegebene Schätze stehen hier allen zur Verfügung und können nicht von Einzelnen ausgebeutet und den anderen verkauft werden.

Kinder und Jugendliche sind in unserer Kultur schon so etwas wie ein Luxusgut geworden. Wer sich für Kinder entscheidet, muss ein Großteil seines Verdienstes in diese investieren. Die gesellschaftliche Gemeinschaft hat offenbar auch aus dem Auge verloren, dass es im öffentlichen Interesse liegt, die nachfolgende Generation gut zu unterstützen, damit sie erfolgreich in die Fußstapfen der älteren Generation hineinwachsen und selbst nach und nach Verantwortung übernehmen kann. Eigentlich haben alle Mitglieder der Gemeinschaft, auch die Jugendlichen selbst, soziale Verantwortung dafür, alles zu geben, um in die Gesellschaft hineinzufinden und sie dann selbst zu tragen.

In der politischen Wirklichkeit sieht das leider ganz anders aus. Es wird viel von Bildung gesprochen, aber verhältnismäßig wenig in Bildung investiert. Es wird eine Gemeinschaftsverantwortung nur mehr schlecht denn recht erfüllt. Daneben wird zwar an potenzielle Eltern appelliert, Kinder zu bekommen, aber es wird keine sinnvolle Entlastung geschaffen, die dafür sorgt, dass man sich aufs Elternwerden wieder freuen könnte.

Natürlich wollen die Jugendlichen in einer solch materiellen Welt auch Geld haben, weil es ja zu fast allem benötigt wird, wo es um die Teilhabe in der Gesellschaft geht. Sie sollen sich schließlich gesittet in den dafür vorgesehenen Räumen treffen und sich nicht ungezielt und planlos in der Kommune bewegen und herumlungern. Sie sollen sich weder vor dem Einkaufszentrum in Menschentrauben und -gruppen treffen, noch an den Bushaltestellen oder Bahnhöfen verweilen, auch Sportplätze und Turnhallen sind nur für Vereine zugänglich und können ungeplant nicht genutzt werden. Der Gang ins Kino, der Weg ins Fitnessstudio oder ins Hallenbad, das Zusammensitzen in der Kneipe, all das kostet schon wieder Geld, das nicht alle haben oder mit dem nicht alle in der gleichen Weise großzügig verfahren können. Wohl denen, die im elterlichen Haus einen Partyraum zur Verfügung gestellt bekommen und sich dort zusammenfinden, ungestört zusammenfinden können.

Eltern, die ihr Geld schwer verdienen, wollen natürlich auch Einfluss darauf nehmen, wie und wo die jungen Menschen ihr Geld ausgeben. Die Jugendlichen wünschen sich Spiel- und Gestaltungsräume beim Verfügen über eigene Finanzmittel und fühlen sich schnell gegängelt, wenn sie von den Eltern zu enge Vorgaben bekommen. Mit Recht könnte ihre unausgesprochene oder auch ausgesprochene Erwartung lauten: »Wenn ich mich bewegen will, brauche ich Geld, also bitte, stattet mich entsprechend damit aus.« Eltern wiederum könnten die Haltung vertreten: »Wenn ich dir Geld gebe, möchte ich, dass du verantwortlich damit umgehst und es nicht leichtfertig ausgibst. Ich möchte, dass du es sinnvoll einsetzt.«

Im schlimmeren Fall haben sie aber vielleicht auch eine Erwartung, wie es genau ausgegeben wird und die Jugendlichen beharren eventuell auf einer kindlichen Versorgungs- und Anspruchshaltung. Hier ist eindeutig ein Konfliktfeld vorgezeichnet, wo es ohne Auseinandersetzung gar nicht gehen kann. Hier sind Grundwerte berührt. Es geht um Ablösung, darum Verantwortung zu übernehmen, sich im möglichen und gegebenen Rahmen zu bewegen, diesen auch als Realität zu akzeptieren und auszuloten. Es geht um die finanzielle Wahrheit der Eltern und darum bewusst und wahrhaftig zu sein und zu seinen Möglichkeiten und Grenzen gegenüber den jungen Menschen zu stehen. Diese können dann wiederum für sich prüfen, inwieweit es möglich ist, durch einen eigenen Beitrag diesen Rahmen für sich zu erweitern und über ihn hinauszuwachsen. Ist der Spielraum da, eventuell noch Zeitungen auszutragen, in einer Kneipe als Bedienung auszuhelfen, kleine Botengänge zu verrichten usw.?

Als Jugendlicher war die Fähigkeit autonom Geld zu verdienen ein ganz wesentlicher Ausdruck, mich von den Eltern unabhängig zu machen. Wer das Geld selbst verdient, entscheidet dann natürlich auch selbst darüber, welches Auto er kauft, wenn er eines kauft. Ein mir sehr nahe stehender Freund, bekam das Auto von seinen Eltern geschenkt, musste dafür aber das Versprechen abgeben, nicht Kunst zu studieren, sondern sich einem weniger brotlosen Studium, nämlich dem des Ingenieurs, zu widmen. Damals weckte das ein großes Gefühl der Verachtung in mir, sich den Wünschen der Eltern so weit anzupassen. Aber natürlich bereitet es innerseelische Konflikte, wenn die elterlichen

Wünsche wesentlich von dem abweichen, was man selbst als Lebensruf oder Lebensplan aus sich heraus zur Verwirklichung drängen spürt.

Der Geldhahn kann zu einem ganz unmittelbar wirksamen Mittel werden, die Kinder zu etwas zu zwingen, was ihrer Lebensbewegung nicht entspricht. Hier ist es sicher gut, wenn Eltern sorgsam abwägen und Pädagogen auch darauf aufmerksam machen, welche Abgründe und seelischen Riffe sich hier auftun, wenn entsprechende Erpressungsräume aufgestellt und aufrechterhalten werden. Sicher ist es gut, wenn Schule auch einen Platz bietet, an dem über solche Konflikte finanzieller Abhängigkeit und eigener Entwicklung gesprochen werden kann und entsprechende Auswirkungen des eigenen Verhaltens im Zusammenhang mit elterlichen Erwartungen auf den späteren Lebenszusammenhang sichtbar werden.

Sehr wohl ist es möglich, als junger Mensch Wünsche der Eltern, die auf die Aufrechterhaltung bestimmter Lebenshaltungen und eines bestimmten Lebensstatus abzielen, zurückzuweisen und sich eine eigene Lebenslandkarte zu schaffen, wie in anderen Kapiteln bereits dargestellt. Selbstverständlich kann hier der mutige und vorausschauende junge Mensch für sich entscheiden, in welcher Weise er sein Leben gestalten will und für welche Lebensentwürfe er sich entscheiden will.

Selbstverständlich dürfen Eltern sich über die weitere Unterstützung eines Studiums Gedanken machen, wenn der Sohn oder die Tochter dieses Studium eher dazu nutzt, den Müßiggang zu pflegen und die »Bierakademie« zu besuchen. Selbstverständlich sind die Eltern hier aufgerufen, das zu thematisieren und gemeinsame Absprachen zu erarbeiten, die die Bedingungen ausformulieren, unter denen weiter Geld fließt oder nicht. Der junge Mensch befindet sich auch in einer Verantwortung gegenüber den Eltern und seiner Zukunftsfähigkeit. Ich selbst habe nach dem Abitur zweieinhalb Jahre herumgejobbt und bin durch Europa gereist, um nebenbei auf einen Studienplatz zu warten. Natürlich haben meine Eltern in dieser Zeit von mir erwartet, dass ich mich selbst finanziere und durch Jobs zu Geld komme, die mir dann das Reisen erst ermöglichten. Dadurch hielten sie mich in einer ganz guten realitätsnahen Auseinandersetzungsspannung, die mir ermöglichte, das Ziel nie ganz aus dem Auge zu verlieren.

Wer in keine eigene beruflich zufriedenstellende Existenz findet, bleibt auf das Wohlwollen der Eltern angewiesen. Es gibt aber tatsächlich die sogenannte »Generation Praktika«, die in vielerlei Weise ihre Arbeitskraft fast kostenlos anbieten muss, um irgendwann dann vielleicht doch noch in einen bezahlten Arbeitsprozess hineinzufinden. Hier sehe ich wiederum die Gesellschaft als Gemeinschaft in der Verantwortung, die Leistungen der jungen Menschen anzuerkennen und ihnen einen ordentlich bezahlten Arbeitsplatz anzubieten.

XVIII. Entwicklung eigener Handlungsmuster für die Nutzung des Konsumwaren- und Freizeitmarktes

Es gibt heute eine Vielfalt von Medien (Jugendmagazine, Veranstaltungsmagazine, Jugendsender, Jugendsendungen), die ständig neue Welten erzeugen. Die meisten davon dienen wirtschaftlichen Interessen und verdanken ihr Bestehen weitgehend solchen Unternehmen, die über sie ihre Produkte und Dienstleistungen anpreisen. Diese Medien transportieren allerdings nicht nur Produkte und Dienstleistungen, sondern kreieren Lebenswelten, Lebenshaltungen sowie Lebenseinstellungen, wecken Bedürfnisse und machen neugierig auf die unterschiedlichsten, an Produkte gekoppelten Lebensoptionen. Den Jugendlichen werden dabei durchaus Produkte als sinnstiftend angeboten, die nicht wirklich sinngebend sind. Es ist wichtig für sie, dies im Laufe des Erwachsenwerdens zu durchschauen, um entscheiden zu können, wo sie sich mit hineinnehmen lassen wollen und wo sie das Bedürfnis haben, sich abzugrenzen. Es braucht ein Wissen um wirtschaftliche und verkaufsstrategische Zusammenhänge, um die nötige Distanz zu entwickeln, damit nach der eigenen Bedürfnislage entschieden werden kann.

Die auf dem Markt platzierten Jugendmagazine wie Bravo, Mädchen oder Girl bewegen sich an den jugendspezifischen Themen entlang und wissen zeitgleich die *Schwachstelle* der jungen Menschen kaufmännisch zu nutzen. So bieten sie Cremes und Lotionen für aufkeimende Pickel an, vermitteln das Gefühl, ohne bestimmte Accessoires oder aufreizend knappe Unterwäsche nicht auf der Höhe der Zeit, nicht wirklich *in* zu sein. So werden Verhaltensweisen über die Medien verändert und es ist spannend zu beobachten, wie sich die jungen Menschen in diese Bewegungen hinein mitnehmen lassen.

Hier wird das Bedürfnis nach bestimmten Markenklamotten ebenso geboren wie das Bedürfnis, bestimmte scheinbar übliche Utensilien zu tragen. Ein Beispiel aus der jüngeren Zeit, was sich auf dem Markt mit großer Selbstverständlichkeit durchgesetzt hat und mehrheitliche Akzeptanz gefunden hat, sind die *Sneakers*.

Die Psychologie der Gesetzmäßigkeiten, auf denen Mode beruht, ist einfach und schnell zu beschreiben und zu begründen. Es wirken eine Reihe von Grundbedürfnissen zusammen, aus denen die Modeerscheinungen psychologisch erklärt werden können, wobei einige davon sich teilweise überschneiden und zwei davon – Individualität und Konformität – in einem gewissen dialektischen Spannungsverhältnis stehen. Auf den ersten Blick scheinen sie einander zu widersprechen:

- das Grundbedürfnis nach Beachtung: auffallen, wahrgenommen werden, Aufmerksamkeit erregen, Interesse finden, Anerkennung, Achtung, Respekt erhalten
- das Grundbedürfnis nach Bedeutung: jemand sein, hervorragen, überragen, Bewunderung bewirken
- das Grundbedürfnis nach Gefallen (sich selbst und anderen); Stichwort: Attraktivität
- das Grundbedürfnis nach Abwechslung: Neues, Anderes, Verschiedenes
- das Grundbedürfnis nach Individualität: Eigenes, Persönliches, Einmaliges, Unverwechselbares
- das Grundbedürfnis nach Konformität: *in* sein, dazu gehören, mithalten können, nicht (zu sehr unangenehm) auffallen (aus der Reihe tanzen), nachahmen, Vorbild, Idol- und Modellwirkung, Rollenerwartungen
- das Bedürfnis nach Identifikation und das Einnehmen der Erscheinungsform und Rolle der Vorbilder und Idole (Nachahmung; in der Identifikation können Individualität und Konformität mit den Vorbildern verschmelzen)

Die Mode wirkt mit ihren gesetzten Modetrends, mit ihren initiierenden Trendsettern, aber weit über die Bekleidungsgewohnheiten hinaus. Sie inszeniert Lebenswirklichkeiten bis in die Alltagshandlungen hinein.

Es reicht dann eben auch nicht, ein Handy zu haben, sondern es sollte Bilder machen und kleine Videos aufzeichnen können.

Wer heute kein Handy hat, ist ein Stück weit von der Welt der Gleichaltrigen ausgeschlossen und abgeschnitten. Der neueste Hit für die jungen Menschen ist das iPad von Apple, die beste Art, das Internet, Mails, Fotos und Videos zu erleben, so die Werbung des Unternehmens. Hier werden künstlich Subkulturen oder mindestens Kulturinseln geschaffen, die ihr Lebensgefühl vor allen Dingen aus dem Besitz von bestimmten Produkten ziehen.

Junge Menschen suchen nach Inhalten, nach neuen Inhalten, die sich von den eingespielten Verhaltensweisen der Vorgenerationen unterscheiden. Hier setzen auch die Angebote der Industrie an. Junge Menschen kommen gern in großen Gruppen zusammen, sie suchen Gemeinschaft, wollen dabei sein. Es geht auch immer darum, sich im Kontakt mit dem anderen Geschlecht zu erproben. Nun finden die meisten Zusammentreffen heute auf kommerziellem Hintergrund statt. Wer in den modernen Fitnesszentren z.B. trainieren möchte, muss dort Mitglied werden. Wenn eine Band spielt, kostet es Eintritt, wenn man sich trifft, geht man in die Kneipe. Das Bedürfnis nach Kontakt ist weitgehend kommerzialisiert.

Die Wirtschaft weiß sehr geschickt die Bedürfnisse der Heranwachsenden aufzufangen und in ihrem Sinne zu lenken. Sie schafft dadurch eine gewisse Befriedigung in der Suchbewegung und gibt dem Jugendlichen Bedeutung. Die Jugendlichen werden an diese Wachstums- und Konsumgesellschaft gewöhnt und das Besitzen von immer neuen Dingen wird zu einem erstrebenswerten Inhalt gemacht.

Die Trendsetter transportieren die Trends von morgen, Moden wirken so als Kennzeichnungen für den Zeitgeist. Damit wird sehr viel veräußerlicht.

Den jungen Erwachsenen sollten die Rollen der Promis, Idole und Vorbilder wie auch die Rolle der Medien in diesem ganzen In-Szenario der Konsumkultur bewusst werden.

Natürlich haben exotische, sportive und exklusive Produkte eine andere Art von Erotik als das vernünftige Abwägen von Kosten und Nutzen, von Messen am eigenen Geldbeutel usw.

Es macht wenig Sinn mit Standardwerten die jungen Menschen zu beeinflussen. Sie müssen tatsächlich aus eigener Erfahrung für sich herausfinden, was ihnen einzelne produktorientierte Ziele wert sind. Wenn sie einen Porsche Cayenne fahren wollen, dann sind sie mit min. 115.000 Euro dabei und dann müssen sie natürlich auch über ein entsprechendes Einkommen verfügen und ihre Lebenshaltung bzw. ihre Berufswahl daran orientieren. Es ist gut, wenn die Heranwachsenden Erfahrungen mit dem Kauf von Produkten machen, die ihren finanziellen Rahmen sprengen oder mindestens auslasten, denn dann können sie für sich herausfinden, ob der Besitz des Produktes tatsächlich das einlöst, was sie zuvor in der Fantasie für den Bedürfnisgewinn gehalten haben.

Der reflektierende Umgang kann durch Erwachsene wirksam begleitet und gestützt werden: Muss ich wirklich den teuersten Computer mit allen Schikanen besitzen? Oder wofür brauche ich ihn, welcher Standard würde mir eventuell schon genügen? Muss ich wirklich die gleiche Spielkonsole haben, wie der Freund sie hat oder könnte ich das Geld nicht für etwas anderes verwenden, weil wir die Spielkonsole sowieso meist zu zweit nutzen? Ist ein Pullover, der fünf Mal so viel kostet, wirklich auch strapazierfähiger und schöner kleidend oder zahlt man nur die Marke, die man trägt?

Junge Menschen müssen unbedingt die Zusammenhänge von Wachstum, Wirtschaft und kultureller Lebensart erfahren, um einen eigenen Standpunkt zu finden und sich selbst eine Rolle zuordnen zu können, von der sie glauben, dass sie zu ihnen passt. Hierfür ist Schule ein guter Ort, der das vermitteln kann, um den Schülern eine Hilfe für eine Standortwahl zu schaffen, die auch eine Distanz schafft zu dem Geschobensein durch die Wirtschaft und ihre Kräfte.

In der Vergangenheit wurde bei der Entwicklung von neuen Produkten der Umwelt- und Nachhaltigkeitsfaktor zu wenig berücksichtigt. Für junge Menschen stellt sich natürlich die Frage, ob wir bei der Entwicklung von Produkten nicht auch uns selbst begrenzen müssen, weil manches, was geht, wirklich nur noch eine luxuriöse Spielerei ist und keine entlastende Notwendigkeit mehr darstellt.

Wir Pädagogen stehen in diesem Zusammenhang natürlich nicht nur als Bildungsbegleiter in einem Spannungszusammenhang, sondern wir führen durch unser eigenes, selbst gelebtes Leben vor, wie wir uns im Zusammenhang dieser Themen im Leben verankert haben und werden so zum Auseinandersetzungsobjekt für die Schüler. Dessen sollten wir uns immer bewusst sein.

D Jugendliche Grenzgänge

XIX. Was tun bei selbstzerstörerischem Grenzverhalten?

Ich möchte dieses Kapitel mit einigen grundlegenden Überlegungen beginnen: Zunächst einmal haben die Jugendlichen die Aufgabe, den Rahmen des Gewordenseins elterlicher Kultur und gesellschaftlicher Tradition zu überwachsen und statuierte Ungleichgewichte oder übersehene gesellschaftliche Notwendigkeiten ans Licht zu heben und zu verflüssigen. Nicht umsonst bezeichnet man Jugendliche als Seismographen der Gesellschaft.

Natürlich bergen die Zukunftsbilder über sich selbst, wie sie sich in eigenen Lebensentwürfen abbilden, grenzüberschreitende und idealistische Ausdrucksformen. Größer, schöner, besser, konsequenter, sinnerfüllter usw. soll sich das Leben in ihnen gestalten. Im echten Leben wird ihnen allerdings wenig Entgrenzendes erlaubt, geschweige denn zugetraut. Mittelmaß wird eingefordert. Sie sollen sich in verwaltungstechnisch vorgegebene Bildungsräume einfinden und sich dort möglichst in der vorgegebenen Bahn erfolgreich verhalten, wenig auffallen und wenig Mühe machen. Sie sollen sich weniger an der eigenen Neugier und an der eigenen Bewegung entlang Erfahrungswissen aneignen, sondern vor allen Dingen das in kleinen Häppchen und in klaren Zeitstrukturen vorgegebene *Bauchladenwissen* erlangen und zu sich selbst Abstand gewinnen. So gesehen Wissen, das mit ihren eigenen Interessen wenig zu tun hat, anhäufen.

Nur selten werden sie von den Erwachsenen gehört, geschweige denn aktiv befragt, um mitteilen zu können, wie sie selbst die Gesellschaft wahrnehmen, in die sie hineinwachsen, und was sie anders machen würden.

Wovon sollen Jugendliche dann aber ableiten, dass sie keine Kinder mehr sind und dabei sind erwachsen zu werden, wenn ihre einsetzende Bereitschaft zur Verantwortungsübernahme und zur Reflexion über sich und andere gar nicht gebraucht wird, wenn es noch nicht einmal als Probehandeln initiiert und unterstützt wird? Natürlich liegt es dann nahe auf inhaltslose Erwachsenenrituale zurückzugreifen, von denen Kinder wissen, dass sie den Erwachsenen vorbehalten sind. Dazu gehört das Rauchen genauso wie das Konsumieren von Alkohol. Wer dies tut, ist erwachsen. Auch wer lange ausgehen darf, wer also im Grunde machen darf, was er will, gewinnt an Ansehen unter den Gleichaltrigen.

Es ist verführerisch, die leeren Symbole als Zeichen des Erwachsenseins zu setzen. Das kostet nicht viel Mühe und setzt sich von der elterlichen Sorge deutlich ab – »Ich bestimme über mich selbst, denn ich bin jetzt so gut wie erwachsen.«

Selbstverständlich liegt es in einer Gesellschaft, die kaum Spielraum für Verantwortungsübernahme zulässt, nahe, dass man sich ihr verweigert und Lust bekommt etwas Illegales zu machen und in seinem Handeln gesellschaftliche Übereinkünfte außer Kraft zu setzen. So kommt es zu nächtlichen Einstiegen ins Schwimmbad oder auch zum Gebrauch illegaler Drogen. Man schafft sich seine eigene Welt, in der man wer ist, geht in den Untergrund mit seinen Bedürfnissen und wird Teil einer Subkultur.

Im Zusammenhang mit der Einnahme von Drogen wird es dort besonders schwierig, wo die Droge dazu dient, sich selbst in seinem »Noch-Kind-Sein« aufzulösen. Denn man kann den Teil seiner psychischen Struktur, der schon ist, in diesem Fall das Kindsein, nicht einfach vernichten, ohne dass etwas anderes nachgewachsen ist. Das eine muss sich gegen das andere durchsetzen und es überwachsen. Mit jedem gelingenden Schritt hinein in mehr Selbstverantwortung verliert das Kindsein an Macht und es entsteht eine neue Identität, die sich zum Erwachsenwerden hin erstreckt.

Leider setzt bei jungen Menschen manchmal das zerstörerische Verlangen ein, das Kindsein zu vernichten, ehe das Neue schon reif und fest genug angelegt ist, weil dieses Offene schwer auszuhalten ist. Das Gefühl zwischen allen Stühlen zu hängen, nicht vor und nicht zurück zu können, nicht mehr Kind zu sein, aber auch noch nicht zu wissen, was anstelle dessen sein könnte, zerreißt das eigene Stehvermögen und schafft Momente des Nicht-mehr-spüren-Könnens. Hier entstehen Gefühle von Hilflosigkeit und Überforderung und es braucht vor allen Dingen Zuversicht und langen Atem, dass sich die Dinge schon einfinden werden. Wer hier ungeduldig wird und an seinem Wachstum ziehen möchte, bringt sich auf Abwege und in innere Unzumutbarkeitssituationen, die nicht auszuhalten sind. Es ist allemal besser nichts zu spüren, als sich so klein und ohnmächtig zu fühlen. Aber auch nichts spüren ist unerträglich und so liegt es nahe, sich durch spektakuläre Erfahrungssituationen wieder in eine Lage zu bringen, die der des Fühlens ähnlich ist, aber nicht die Seite des Ausgeliefertseins zum Vorschein bringt.

Aus der Peergroup heraus entstehen Flow- und Gemeinschaftserlebnisse, die die jungen Menschen forttragen in ein Gefühl der Großartigkeit, dem dann wieder der Absturz auf dem Fuße folgt, weil die Entwicklungsanforderungen damit ja noch nicht gelöst sind: Über sich selbst zu reflektieren, reflektierend eine Landkarte für die eigenen Entwicklungsvorstellungen und Möglichkeiten zu kreieren und diese dann schrittweise ins Leben zu bringen, das ist anstrengend und kostet Kraft. Deshalb gehen nicht wenige junge Menschen unterwegs verloren oder verlieren sich auf Nebenschauplätzen wie dem Kult um den eigenen Körper, der doch recht zeitnah um 10 oder 15 Kilogramm erleichtert werden kann, was direkt zum Erfolg führt. Andere führen durch Training im Fitness-Center einen beeindruckenden Muskelaufbau herbei, unter Umständen wieder mit selbstzerstörerischen Hilfsmitteln.

Über die entstehenden Sucht- und Rauschzustände findet ein Austreten aus den eigenen Anforderungs- und Spannungszuständen statt, was zunächst Erleichterung verschafft, aber gleichzeitig eine Bewusstlosigkeit entstehen lässt, die von anderen ausgenutzt wird und die Sorge für sich selbst außer Kraft setzt.

Hinter der wahrnehmbaren Tendenz zur Magersucht vorwiegend von heranwachsenden, jungen Mädchen wird als ein Aspekt das verschobene Bedürfnis nach Kontrolle der Unruhe stiftenden, inneren Bewegungen deutlich. Jede Nahrungszufuhr, jede potenzielle Gewichtszunahme wird mit großer Aufmerksamkeit verfolgt und kontrolliert, damit nur ja nichts aufgenommen wird, was das Gewicht *entgrenzen* könnte.

Individuell gewählte Risikoverhaltensweisen können zum Teil als folgerichtige Reaktionen von Jugendlichen verstanden werden, um Belastungen, Orientierungskrisen, Verhaltensunsicherheiten zu bewältigen. Es ist Aufgabe von uns Pädagogen, die Jugendlichen damit in Verbindung zu bringen, dass es sich dabei um vorübergehende Lösungen oder um Lösungen zweiter Wahl handelt, die unmittelbar nicht weiterführen, sondern nur vorübergehend Erleichterung verschaffen, was aber durchaus auch notwendig und richtig sein kann. Es braucht die Großzügigkeit der Pädagogen, den Jugendlichen das Lernfeld zuzugestehen und Grenzgänge beobachtend und mitfühlend auszuhalten. Natürlich braucht es Hinweise diesbezüglich, was von uns Pädagogen beobachtet wird. Was die Jugendlichen aber in die Abwehr bringt, ist, wenn wir ihr Verhalten kritisieren, bewerten oder gar verhindern wollen.

Pädagogisches Handeln müsste eigentlich dort ansetzen, wo es das Handlungsfeld der Jugendlichen für weiterführende Grenzerfahrungen öffnen hilft und die jungen Menschen darin unterstützt werden, sich auf Erfahrungsräume auszurichten, die zu Handlungsspielräumen verhelfen und auf diese Weise das Heranwachsen erfolgreich bewältigen helfen.

In dreitägigen Seminaren mit Auszubildenden habe ich in der Biografie- und Lebenslandkartenarbeit folgende Module immer wieder eingesetzt: Während unserer gemeinsamen Seminarzeit saßen wir im Stuhlkreis. Meist am zweiten Tag, wenn sich jeder an einen festen Platz gewöhnt hatte, bat ich alle Auszubildenden, den Seminarraum zu verlassen und draußen zu warten, bis ich sie einzeln wieder hereinrief.

In der Zwischenzeit löste ich in dem Raum den Stuhlkreis auf, stapelte die Stühle teilweise in einer Ecke, legte sie um, kreuz und quer im Raum verteilt, stellte auch alle anderen Gegenstände um und holte aus anderen Räumen noch Gegenstände dazu. Dann holte ich die Auszubildenden mit verbundenen Augen einzeln herein. Die Aufgabe, die ich ihnen stellte lautete: »Suche deinen Platz.« Die fast instinktive Frage der meisten Auszubildenden lautete: »Welchen, den von vorhin?« Auf die wiederholte Antwort, die nicht auf ihre Frage einging: »Höre gut zu, die Aufgabe lautet, suche deinen Platz«, liefen die meisten dann los.

Es wurden unterschiedliche Strategien sichtbar: Der eine blieb sofort stehen, steif vor Angst mit dem Wahrnehmen des ersten Hindernisses, das er nicht einordnen konnte, und bestand darauf seinen Platz gefunden zu haben, ohne weitere Versuche bzw. Schritte ins Unbekannte hinein zu wagen. Der zweite stieß sich bereits zum fünften oder sechsten Mal an unvorhergesehenen Hindernissen, ohne auch nur ein bisschen vorsichtiger zu werden, so hoch identifizierte er sich mit dem Ziel, dass er die Gefahr der Verletzung kaum wahrnahm. Ein weiterer Auszubildender ging an den kichernden und lachenden Kollegen entlang. Für ihn war es wichtig, bei der Suche nach dem eigenen Platz in Kontakt und Verbindung mit den anderen zu bleiben, dies gab ihm die für ihn notwendige Sicherheit. Etliche bemühten sich lange, den in ihrer Vorstellung noch existierenden Stuhlkreis und ihren Platz darin zu finden. Sie waren fixiert auf dieses zuletzt erlebte Bild der Wirklichkeit, obwohl sie unterschiedlichste Erfahrungen machten, die ihnen zeigten, dass nichts geblieben war, wie es vorher war. Sie konnten nicht ablassen von der eingebrannten Vorstellung des *Gewesenseins* der Raumsituation vor dem Verlassen des Gruppenraumes. Wieder andere versuchten heimlich einen Blick zu erhaschen, um sich im Vorfeld ein Bild zu machen, von dem, was sie erwartet oder versuchten die Augenbinde so zu tragen, dass sie noch etwas sehen konnten, um die Orientierung nicht ganz zu verlieren. Einige spürten schnell, dass alles anders war und nahmen sich trotzdem die Zeit, sich blind eine Vorstellung von den Gegebenheiten zu machen, um in Ruhe zu entscheiden, wo sie sich platzieren werden.

So standen manche ganz unbequem, aufgrund ihrer schnellen Entscheidung stehen zu bleiben und sich nicht mehr zu rühren, während andere ganz in Ruhe einen für sie passenden Platz gefunden hatten. Wieder andere gingen an den Wänden entlang, um eine Grundorientierung herzustellen und den Rahmen zu erspüren, innerhalb dessen sie die Lösung finden mussten.

Im Anschluss an diese Übung war es möglich über Erfahrungen solcher Art zu sprechen. Am schnellsten konnten Aus- und Übersiedler die Situation der Umsiedlung, das Gehen in eine fremde, unbekannte Welt und Kultur auf die gestellte Situation übertragen. Im Laufe des Gespräches wurde aber allen deutlich, dass mit jeder Entwicklungsaufgabe neue, unbekannte Räume erschlossen werden müssen. Diese versucht man zunächst mit den bisher erfolgreichen Strategien zu bewältigen, um dann zu bemerken, dass es hier neue Antworten und Strategien braucht, um erfolgreich zu sein. Man konnte die Angst, die Nöte, die Spannungen der Einzelnen mehr als deutlich wahrnehmen und hinterher auch reflektierend erschließen, wie man sich selbst im echten Leben gegenüber Veränderungen und unvorhergesehenen Neuerungen verhält.

Es stellt für Pädagogen eine außerordentliche Herausforderung dar, in dieser strukturierten und zielorientierten Welt Freiräume zu schaffen, die es den Jugendlichen ermöglichen, eigene Erfahrungen zu machen, die ihnen auch eine Sinngebung für ihr Handeln eröffnet.

Es braucht heute von Pädagogen und Politik vorstrukturierte sanktionsarme Räume, die es den Jugendlichen ermöglichen in Laborsituationen miteinander nicht angeleitete Erfahrungen zu machen. (Jugendhaus- und Jugendrauminitiativen, Schüleraustausch, Jugend forscht, Abenteuerreisen, Segeltörns usw.). Es braucht den freien Raum, aber auch Räume, die einen Input ermöglichen.

Es gibt zwei schwerwiegende Fehler, die wir Pädagogen an dieser Stelle begehen können: Der erste ist, dass wir die Zukunft der uns anvertrauten Jugendlichen schwarz malen, dass wir ihnen das Entwicklungspotenzial absprechen, das sie brauchen, um aus der Krise zu kommen. »Bei dir konnte man ja auch mit nichts anderem rechnen«; »Es wundert mich nicht, dass gerade du stecken bleibst.« Dass wir ihnen bedrohliche Bilder aufbauen, wohin das Ganze führt. Ebenso wenig hilfreich ist es, wenn wir die Beziehung infrage stellen: »Du hast mich unglaublich enttäuscht«, anstatt ihnen zu vertrauen, ihnen zuzutrauen, dass sie die Klippen meistern können. »Glaub mir, das ist eine vorübergehende Krise. Du wirst sehen, wenn du deine Fragen einige Tage ruhen lässt, wirst du auch wieder die Sonne sehen hinter den Wolken usw.«

Der andere Fehler, der von Erwachsenen gern begangen wird ist, dass sie sich selbst auf die sichere Seite stellen, als ob sie es geschafft hätten, … als ob man im Leben jemals fertig werden könnte!?

Sich selbst als Suchender zu präsentieren, der immer wieder auch selbst das Gleichgewicht verliert und es neu finden muss, schafft einerseits Solidarität, weil wir dann mit den Jugendlichen gemeinsam Suchende sind, und außerdem schafft es Glaubwürdigkeit. Denn die Jugendlichen sehen sehr wohl, wie wir uns selbst in unserem Leben verhalten.

Je mehr wir Einblick in unsere erwachsenen Grenzgänge geben, mit all der Hilflosigkeit, die für uns selbst dabei entsteht, desto mehr können uns die Jugendlichen anerkennen und wertschätzen, wenn wir ihnen über eigene Erfahrungen berichten, ohne das Gefühl zu vermitteln, »wir wissen es für dich«.

XX. Wertebildung und Sinnstiftung im Erziehungsalltag

Der Mensch ist ein schöpferisches Wesen und es ist ihm auferlegt und aufgetragen, schöpferisch mit seinem Leben umzugehen, es selbstaktiv zu gestalten. Ernst Jünger (1895–1998) sprach von der Autorschaft, die heute jeder Mensch für sein Leben hat. Michael Foucault (1926–1984) spricht davon, aus dem eigenen Leben ein Kunstwerk zu machen.

Die neue Generation von *Lebenskünstlern* bricht mit dem Karrieredenken ihrer Eltern – das auf lineares Vorwärtskommen setzt und sich vor allen Dingen an materiellen Sicherheiten orientiert – zugunsten

einer Schwerstarbeit am eigenen Ich. Notfalls stellen sie sich gegen jede
Art von hierarchisch aufgebauter und angelegter Schulbildung, wenn
sie ihnen zu formalistisch begegnet und zu wenig Raum lässt für den
eigenen Biorhythmus, für das eigene prozessartig angelegte Suchen nach
Sinn und Gestalt.

Dieses harte Projekt der Selbstentfaltung und der Konzeption eigener
Wertegebäude wird von ihnen mit unermüdlicher Konsequenz Tag für
Tag vorangetrieben. Auf der Strecke bleiben dabei immer sichtbarer
der bisherige gesellschaftliche Konsens von Normal-Biografien und der
zugrundeliegende Angestellten-Duktus. An die Stelle der Pflichtethik
treten interessanterweise weder Moral noch Orientierungslosigkeit,
sondern eine Individualisierung der Moral. Das heißt zweierlei: der
Geltungsraum der eigenen moralischen Ansprüche wird auf das eigene
Leben begrenzt und das Ich als Autor und Schöpfer dieser individua-
listischen Moral inszeniert und zelebriert.

Die Folgen sind neben anderen: schwer abstimmbare, schwer integ-
rierbare Moralen (bezeichnenderweise ist der Plural von Moral in der
deutschen Sprache unüblich), deren Sinn darauf gerichtet ist, aus dem
eigenen Leben ein Kunstwerk zu machen. Folgerichtige Konsequenz
ist, dass das Monopol, welches das Lebensziel Beruf für alle Lebensbe-
reiche und Altersklassen in der ersten Moderne hatte, zerbricht. Wie
bei Künstlern üblich, sind die Grenzen zwischen Arbeits- und Freizeit
aufgehoben. An ihre Stelle tritt eine Vielzahl von Jobs, Tätigkeiten,
Engagements, welche in der Perspektive der *Selbst-Unternehmer* sich
vor allem dadurch unterscheiden, welche Tätigkeit etwas einbringt und
welche nicht.

Standardbegriffe, die wir zur Beschreibung der Arbeits- und Lebenswelten entwickelt haben, treffen auf diesen späten Wohlfahrtsstaat-
Lebenskünstler nicht zu. Er oder sie ist in einem bestimmten Sinne
Unternehmer, aber nicht in dem Sinne, wie es als Kapitalismuskritik in
den Köpfen herumschwirrt. Er mag – statistisch – *arbeitslos* sein, aber ist
rund um die Uhr beschäftigt. Er ist unendlich vielseitig, aber eben doch
von borniertier Einseitigkeit, wenn es darum geht, seinen Lebenszweck,
das Gesamtkunstwerk Ich, zu gestalten. Er oder sie steckt voller Ideen,
aber die Märkte und Bürokratien verweigern ihre Anerkennung. Er
schöpft aus Geldquellen und lebt in und von Unterstützungsnetzwerken,
die vor allem die zu Unrecht missachtete Kunstfertigkeit des Schmarot-
zertums zu neuen Ehren kommen lassen. Der Umgang mit der *Großzü-*

gigkeit der Eltern und der *Förderfibel* gehört zu den Basisqualifikationen dieser Existenzform.

In unserem Kulturkreis denken junge Menschen in jungen Jahren weitgehend umfassend und prinzipiell. Sie wissen instinktiv um übergeordnete Wahrheiten, die wir Erwachsenen, die wir im Alltag verstrickt sind, oft nicht mehr sehen bzw. wahrnehmen können. Ihnen ist vollkommen klar, je mehr die Welt eine Welt wird, je mehr sich die verschiedenen Kontinente miteinander verbinden, desto mehr müssen die Menschen, die im gesicherten Überfluss leben, Mitgefühl und Aufmerksamkeit entwickeln für die Menschen, die davon noch weit entfernt sind, aber von einem ähnlichen Leben anfangen zu träumen. Jungen Menschen ist meist klar, dass die eine Welt nur dann eine Chance hat, wenn wir als Kultur aufhören, auf Kosten anderer Kulturen zu leben. Fast unumgänglich erleben sie eine Zeit, in der die Ablehnung und Verachtung gegenüber den bereits erwachsenen Menschen überwiegt. Sie erleben sie als zu wenig konsequent, zu fahrlässig und zu selbstbezogen oder auch an Werten orientiert, die zerstörerisch sind. Oder sie erleben auch die Widersprüchlichkeit zwischen Gesagtem und Gelebtem. Sie können das ausschließliche Binden an die materielle Welt in einer bestimmten Lebensphase nur bedingt nachvollziehen. Sie empfinden auch die entbundenen, niemandem mehr verpflichteten, automatisierten Selbststeuerungskräfte der Wirtschaft mit ihrem quasi religionsähnlichen Anspruch auf absolute Wahrheit als fragwürdig und finden diese Bewegung weder sinngebend noch nachahmenswert.

Leider werden diese tiefsinnigen seismografischen Wahrnehmungen der Jugendlichen, diese Sensibilität fürs Ganze, in der Verantwortung fürs Ganze auch erwächst, zu wenig gesehen und die Jugendlichen werden deshalb auch auf diesem Weg der Sinnfindung und dem Bedürfnis nach Verantwortungsübernahme viel zu wenig unterstützt. Sie werden als Idealisten und Tagträumer abgetan. Es findet in unserem gesellschaftlichen Alltag viel zu wenig statt, dass wir uns über die entstehenden Sinn- und Wertearchitekturen unserer Gesellschaft aktiv Gedanken machen und an ihrem perspektivisch sinnvollen Weiterbau arbeiten. Das liegt daran, dass Erwachsene mit Jugendlichen eigentlich nur in der Schule zusammentreffen und dort ist die vom System eingeforderte Schülerrolle gefragt und nicht das ganzheitlich angelegte Schülersein, das mitdenkt und mitfühlt oder sogar eigene Gedankenansätze verfolgt.

Deshalb haben alle Gruppierungen, die Sinn anbieten – ob sie von rechts oder links kommen, ob es sich um Sekten oder Religionen handelt – großen Zulauf, weil hier soziale und geistige Heimat angeboten wird. Sie wecken bei den Jugendlichen im gemeinsamen Ringen um *Wahrheit* und Gesellschaftsentwicklung deren Interesse, was der Schule leider selten gelingt.

Hier wäre es gut, wenn Schule sich als Gemeinwesen mehr infrage stellen lassen würde und sich als Lebensverhältnis der kritischen Reflexion von Jugendlichen stellen könnte. Dies wäre ein Beitrag, der die Jugendlichen darin unterstützt, eigenverantwortlich und sozial gebunden nachzudenken und Verantwortungsräume mit Freude zu besetzen.

Lernen müsste mehr an der Neugier und dem Engagement der Heranwachsenden entlang stattfinden und könnte so zur Sinnfindung beitragen und eine Zielrichtung, für die sich das Lernen lohnt, entwickeln helfen. Lebensentwürfe und Rollenerprobungen könnten so in einem experimentellen Raum erprobt werden und vor ihrer Verwirklichung in konstruktive Bahnen finden. In diesem Rahmen wäre wie selbstverständlich auch ein Erprobungsfeld für die psychosexuelle Reifung eingebettet und gegeben.

Was können Eltern oder Erziehungsverantwortliche tun, damit Jugendliche einen Sinn / ein Gespür für sinnvolle Werte entwickeln? Wie kann eine wertorientierte Erziehung Jugendliche befähigen, in einem Prozess lebenslangen Lernens Selbstachtung, Toleranz und soziale Verantwortung zu entwickeln? Wie können wir positive emotionale und soziale Fähigkeiten, wie auch konstruktive Konfliktlösung und Toleranz fördern? Wie entsteht innere Verpflichtung, innere Verbindlichkeit gegenüber bestimmten als richtig erkannten Werten?

Werte sind Leitlinien, die dem Menschen Orientierung geben, die Handlungsziele vorgeben und für die Sinnbildung bedeutsam sind. Werte haben eine Führungsrolle im menschlichen Tun und Lassen. Dabei müssen sie den Trägern keineswegs immer voll bewusst sein. Sie können in soziale Gewohnheiten, *Normen* und kulturelle *Selbstverständlichkeiten* eingelagert sein. Sie verbergen sich hinter unseren *Idealen* und in Entwürfen unserer individuellen, aber auch unserer gesellschaftlichen Ethik. Sie orientieren sich in komplexer Weise an *Bedürfnissen*, wenn auch eine nähere Zuordnung zwischen ihnen ziemlich schwierig ist.

Was ist richtig, was darf man, was darf man nicht tun? Wofür soll man sich Mühe geben? Wozu soll man Kinder / Jugendliche erziehen? Was ist der Sinn des Lebens? Und gibt es etwas, wofür es sich lohnt, sein

Leben einzusetzen? Viele Lebensorientierungen sind uns als Antwort auf solche Fragen vertraut: Erfüllung in der Arbeit, Zufriedenheit durch Dienst für andere, Freude an vollbrachten Leistungen, Streben nach Selbstständigkeit, Selbstverwirklichung.

Das Schwierige an Orientierungshilfen ist, dass sie auch die Möglichkeiten des Einzelnen begrenzen. Jeder kennt das aus dem Straßenverkehr, Straßenschilder, Straßenbahnleitungen, Verkehrsführungsvorgaben schränken die grundsätzliche Bewegungsfreiheit dann doch wieder ein. Was man jedoch um der geordneten Fahrpraxis willen gern auf sich nimmt. Im Gesamtzusammenhang macht die einschränkende Straßenverkehrsordnung Sinn.

Echtheit, Glaubwürdigkeit, Gemeinschaft, Freundschaft, Sicherheit, Angstfreiheit im Alltag, Nähe zur Natur, Verlässlichkeit, Formen von Verzicht, Formen von neuer Spiritualität, neue bewusste Langsamkeit oder auch Kritikfähigkeit, Solidarität, Toleranz, Autonomie, Fähigkeit zum Diskurs, Akzeptanz anderer Wertmaßstäbe und Lebensstile können für den einzelnen Menschen Sinn erzeugen.

Der Jugendliche auf der Suche nach Identität, vom Kind zum Erwachsenen, bewegt sich im Spannungsfeld von Wahrhaftigkeit und Lüge, Glücksvorstellungen und Glücksversprechen, Sucht und Rausch, Freundschaft, Liebe und Sexualität, Ehe und Familie, Arbeit, Freizeit, Muße, Leben in einer humanistisch geprägten Kultur, Schuld und Strafe, Menschenrechte und Menschenrechtsverletzungen, begrenzten Ressourcen auf der Erde, Mensch und Natur, Rollenverständnis der Geschlechter, Tod und Sterben, Gewissen und Gewissensbildung, Vorurteile und Diskriminierung, Konflikte, Gewalt, Aggression, Recht und Gerechtigkeit, Wahrheit und Wirklichkeit, (religiöse) Verankerung, kulturelle Prägungen im Zusammenleben, eine Moral oder viele Moralvorstellungen, die Menschenwürde – Begründungen und Gefährdungen, der Einzelne und der Staat, Krieg und Frieden, Herausforderungen der Transplantationsmedizin, Chancen und Risiken von Großtechniken, Gentechnik usw. Dabei weiß der Jugendliche von alledem nur wenig und trotzdem sucht er tagtäglich altersgerechte Antworten zu all diesen Spannungspolen zu finden.

Auf welche Weise müssen wir da sein, damit es sich für den Jugendlich als hilfreich erweist?

Annahmen über die vermutete innere und äußere Situation Jugendlicher

Wer heute ausschließlich dahin gehend erzogen wird, sich einzuordnen und zu gehorchen, der ist mangelhaft ausgebildet worden und wird in unserer Welt nicht mehr zurechtkommen.

Jugendliche verlassen die Orte ihrer Eltern und ihrer anderen formal angelegten Sozialisations- und Erziehungsinstanzen, die sie zu dem gemacht haben, was sie geworden sind. Sie lösen sich ab von deren angelegten Räumen und suchen zusammen mit Gleichaltrigen eigene, selbst initiierte Räume des Erlebens und Begegnens zu schaffen. Sie suchen nun experimentelle Felder des Erprobens, um sich auf den selbst verantworteten Wiedereinzug vorzubereiten. Jugendliche wollen und müssen sich auf einer bestimmten Stufe ablösen von allem Vorgefundenen. Das Gemeinwesen steht dem widersprüchlich entgegen: Es wird von den Jugendlichen zur Disposition gestellt und ist zeitgleich trotzdem wichtig als der haltende Rahmen, in dem sie leben. Bei allem Abstand suchen und Fliehen vor ihm, ist die Erleichterung doch groß, wenn der Rahmen trägt und auffängt, obwohl man die Verbindung abgeschnitten und durchtrennt hat.

Jugendliche bedauern zunehmend mehr die *Vertagungsstruktur* des Lebensraums Schule. Sie spüren, dass sie in der Schule oftmals vom wirklichen Leben ferngehalten werden, obschon sie gerade den Ernst einer Gesellschaft begreifen wollen.

Sie wollen vielfältige Möglichkeiten der Sinnsuche nicht aufschieben um 12 oder 15 Jahre. Sie wollen jetzt tun, was Sinn macht. Jugendliche suchen nach Zugängen zur Wirklichkeit, sie wollen an realen Problemen der realen Gesellschaft beteiligt werden. Sie wollen auch ihre realen Probleme, die sich aus ihrer inneren und äußeren Realität ergibt, einbringen in den Sozialraum Schule und mit anderen daran feilen.

Sie wollen sich Lebenskompetenz aneignen. Nur wenige Erwachsene bieten sich als geeignete Anschauungsobjekte an. Sie wollen wissen, was Erwachsene als Privatpersonen denken und fühlen. Die eigenen Eltern zählen dabei nicht.

Jugendliche wollen Sinn in ihrem Leben erfahren. Es fehlen die erwachsenen und älteren Vormacher. Man hält sich oft in einer Altersstufe auf und kann nur über Imitieren für sich dazu gewinnen. Jugendliche wollen sehr wohl ernsthafte Aufgaben übernehmen, aber eben mit derselben Autonomie wie Erwachsene auch. Sie wollen keine billige Hilfskraft sein und auch nicht über zu enge Anleitung gegängelt werden. Was überhaupt nicht hilfreich für sie ist, ist ein Erwartungsdruck von Seiten der Erwachsenen vorab. Es geht den Jugendlichen eben nicht um die Ehrennadel für dreißigjährige Mitgliedschaft. Es muss für sie sichtbar und erlebbar etwas dabei herauskommen, an Erfahrungen, an neuen Kompetenzen, an Sinnbefriedigung.

Sie haben ein großes Autonomiebedürfnis: Ich will entscheiden, wann ich aussteige. Ich will meine Fähigkeiten einbringen, will mitgestalten können. Ich will keine Vorschrift gemacht bekommen. Ich will das, was ich tue, mit anderen Jugendlichen gemeinsam tun. Dabei ist mir nicht unwichtig, wie meine Freunde das finden, was ich da mache. Jugendliche engagieren sich eben in anderen, neuen Formen, die den Erwachsenen fremd erscheinen.

Funktionsräume haben sich ausdifferenziert. Es wird kaum noch gelingen, auch nur zwei Jugendliche zu finden, die die gleichen Erfahrungen an gleichen Orten in ähnlichen Situationen gemacht haben. Diese Grundlage der beiderseitigen gemeinsamen Erfahrung lässt entschieden nach, auch im ländlichen Raum.

Wenn Jugendliche Gemeinsinn entwickeln sollen, muss man ihnen auch Möglichkeiten / Verhältnisse anbieten, in die sie sich gern einbringen. Wenn es gelingt, Jugendliche gleichberechtigt und partizipativ zu beteiligen, wenn es gelingt, quasi als Übersetzer der unaussprechbaren Bedürfnisse von Jugendlichen zu agieren und die zur Bedürfnisläuterung notwendigen potenziellen Gestaltungsräume zu schaffen, in die sich Jugendliche aktiv einbringen können, dann werden sich auch Jugendliche einfinden.

Es kommt darauf an, den Heranwachsenden Anstöße und Anregungen zu präsentieren, aber auch von ihnen Derartiges aufzunehmen, um sie dann selbst diese Ideen umsetzen zu lassen.

Nur dort, wo es hakt, gilt es Hilfestellungen zu geben. Jugendliche wollen sich selber organisieren lernen. Es geht also eher darum, Arrangements zu schaffen, die den Jugendlichen einen Blick dafür entwickeln helfen, wobei und wofür sie sich engagieren können. Zeitspenden eigener Lebenskraft einbringen in Projekte, die sie überzeugen. Wer sich – seiner selbst bewusst – zutraut, seine Lebenswelt unmittelbar mitzugestalten, auf sie einzuwirken, an ihr im positiven Sinne teilzuhaben, der wird auch mit Schwierigkeiten, die in seinem Leben auftreten können, fertig werden können. Wer sich in solcher Weise einbringen kann, der ist auch in der Lage, für die Gesellschaft in der Gesellschaft eine Leistung zu erbringen.

Es ist für alle Beteiligten eine unglaubliche Herausforderung, eine Projektidee miteinander zu entwickeln, die Umsetzung zu planen, sich für deren Umsetzung einzusetzen, bis sie dann Wirklichkeit wird. Dieser Prozess macht Spaß, macht Mut, fordert heraus, fordert den Einsatz der eigenen Kräfte.

Das gemeinsame Zusammenstehen schafft Gemeinschaft und am Ende entsteht auch so etwas wie Stolz, eine so tolle und erfolgreiche Sache entwickelt zu haben, von Anfang bis Ende als Macher beteiligt gewesen zu sein.

Was lädt Jugendliche ein, sich sozial zu engagieren?

Ermöglichung von Selbst- / Verwirklichung:
- Spaß haben,
- Stärken zeigen,
- Abwechslung haben,
- Anerkennung finden,
- neue Seiten an sich entdecken,
- etwas davon haben, das einen reifer macht.

Erleben eigener Wirksamkeit:
- etwas bewirken können,
- es muss was dabei herauskommen,
- es muss nützlich sein,
- es muss heute, nicht erst morgen, wirksam sein.

Sich einer Gemeinschaft zugehörig fühlen:
- mit anderen zusammen sein,
- von anderen lernen,
- angenommen sein,
- Freunde müssen mitmachen.

Das befriedigende Gefühl von Sinnerfahrungen greifbar machen:
- sich für eine Sache einsetzen,
- Ideale erfahren,
- mein Leben soll mehr als Geld und Leistung sein.

Moderne Begleitung von Jugendlichen im Sozialräumlichen versteht sich als interaktives Kommunikationsforum, das in offenen, aber vorstrukturierten Angebotsformen den partnerschaftlichen Kontakt zu Jugendlichen sucht und gleichzeitig den Kontakt der Jugendlichen untereinander fördert. Sie unterstützt die Jugendlichen, das darin liegende Gestaltungspotenzial für sich selbst zu entdecken und aktiv mitzuwirken.

Gelingt dies, kann solch ein Angebot in seiner Ganzheit: Identitätsbildungsstätte, Bedeutungsgebungsstätte, Wertebildungsstätte, Experimentalwerkstatt zur eigenen Biografiegestaltung bzw. -findung werden. Ein Angebot also, das präventiv greift, das bei der aktiven Lebensbewältigung ansetzt und nicht darauf wartet, bis das Kind in den Brunnen gefallen ist.

Im schulischen Gemeinwesen verankerte Gelegenheitsstrukturen bieten das Lernen unter Gleichaltrigen, die Möglichkeit zu ehrenamtlichem Engagement, fördern den Umgang mit neuen Medien, stärken die Selbstverantwortung, tragen zur Entwicklung nicht formaler Berufskompetenzen bei, wirken präventiv und schaffen sanktionsarme Räume für wertbildende Kommunikation. Es entstehen Werte, die in der Tiefe der Persönlichkeit verankert sind und auch dann tragen, wenn niemand da ist, der kontrolliert, ob sie auch eingehalten werden.

Diese sozialräumlich verankerten Gelegenheitsstrukturen können auch den Jugendlichen Mut machen, die ohne die Hilfe vorstrukturierter Räume zu solch einem Einsatz nicht in der Lage wären und dies, ohne dass sie sich als weniger gut ausgestattet zu erkennen geben müssen.

Offen sein, offen bleiben für die Wünsche und Bedürfnisse von Jugendlichen bedeutet auch, sich mit Vorläufigkeit zu arrangieren. Während das schultypische Verwaltungshandeln oftmals ausgerichtet ist auf Berechenbarkeit, Kontrollierbarkeit und Beständigkeit, ist das sozialräumlich angelegte Angebot sprunghaft, tendenziös, unberechenbar, eruptiv und ohne Kontinuität.

Ich glaube, diese Feststellung allein zeigt, wie wichtig und notwendig hier eine enge Kooperation zwischen klassischer bildungszielorientierter Schulverwaltung und offenen Sozialraumangeboten ist, um die Gegenwartsspannung beider Pole, dort wo sie zwangsläufig aufeinandertreffen, zu positiven, gemeinsam getragenen Lösungen führen zu können.

Während Verwaltung vor allen Dingen die Verhältnisse ordnet, die bereits entstanden sind, geschieht Sozialraumorientierung ins Dunkel der noch nicht gelebten und von daher auch noch nicht versprachlichten Zukunft hinein. Gegenseitiges Vertrauen ist für eine produktive Kooperation unerlässlich.

Dabei geht man nicht davon aus, dass Jugendliche andere Jugendliche anleiten wie kleine Erwachsene, die es besser wissen, sondern es geht darum, Jugendlichen gemeinsame Gestaltungs- und Sinnfindungsprozesse zu ermöglichen: Wir haben viel mehr untereinander / füreinander / miteinander zur Verfügung als wir glauben und im Grunde könnten wir vieles uns gemeinsam erschließen, wenn wir es nur zusammenbringen würden.

XXI. Familie / Schule als Zwischenlager auf dem Weg zum Gipfel des eigenen Lebens

Zunächst einmal nähren sich Kinder an den Menschen, die ihnen begegnen. Sie identifizieren sich mit ihnen, sie ahmen sie nach, sie grenzen sich ab, sie modifizieren das Erlebte und brechen es für sich herunter, sie sammeln Lebensstrategien, Lebenshaltungen, Informationen, Wissen, lernen Werkzeuge und Instrumente des Umgangs mit Fragestellungen und Problemstellungen kennen. Sie lernen, wie andere Hindernisse aus dem Weg räumen, sie schauen zu, wie andere Herausforderungen meistern. Sie lernen komplexe Denkarchitekturen und differenzierte Abwicklungsstrukturen kennen. Sie lernen sich einfügen und widerstehen. Sie lernen Verantwortung übernehmen und sich vor etwas drücken. Sie treffen auf wachstumsförderliche oder auf wachstumshemmende Situationen.

Ein relativ kontinuierlicher Rahmen gibt ihnen Halt und hilft ihnen ihre Erfahrungen einzubetten. Sie verschmelzen all das Erlebte in ihrem Inneren zu einer Identität, aus der Neugierde erwächst, aus der sich Fragen auftun, aus der Impulse entstehen und Entwicklungsnotwendigkeiten auftauchen, aus der heraus sich Identifikationen bilden. In ihnen bildet sich so etwas wie eine Identität, die ihren eigenen Suchprozessen folgt und beim Gehen Wege entstehen lässt, aus denen dann wiederum Berufungen entstehen können oder mindestens Entscheidungen an Scheidewegen getroffen werden, im besten Fall.

In der Regel sind sie über ihr ganzes Kindsein hinweg begleitet von Eltern, Erziehern, Lehrern und anderen erziehungsverantwortlichen Menschen, die sie auffangen, sie vor Gefahren behüten, sie führen, len-

ken, vor Über- oder Unterforderung bewahren, ihnen Anstöße geben
oder auch Reize entziehen. Sie trösten und ermutigen sie, sie setzen
Grenzen und zeigen Möglichkeiten auf, sie korrigieren und verurteilen.
Entstehender Druck und Spannungen müssen bewältigt werden und in
eine zielführende, weiterführende Bewegung einmünden.

Ich vergleiche den Menschen mit seiner Identität gern mit Minera-
lien, die sich im Erdreich gebildet haben. Bestimmte vorhandene Stoffe
(Erbgut, Erfahrungen, Übertragungen usw.) bilden unter bestimmten
Umständen (Halt, Anregung, Wärme, Toleranz usw.) Lebensziele aus.
Es entsteht eine Art intuitiver Vorstellung von einem Gipfel, der erreicht
werden will. Beim einen ist es das Abitur, das noch niemand in der
Familie hatte, beim Zweiten das eigene Haus, beim Dritten eine weniger
intellektuelle, dafür praktische Ausbildung, der Vierte will vielleicht
aufgrund seiner Diabetes Arzt werden und anderen helfen, der Fünfte
stellt sich vor, die Schule als Lehrer zu verändern und zu verbessern,
der Sechste will eher eine überschaubare Aufgabe, die ihn nicht zu sehr
fordert, aber den Verdienst sichert, um sein Leben vor allem im Privaten
zu gestalten.

Die meisten kommen über vielerlei Wege zu der Einsicht, dass es gut
wäre, einen abgeschlossenen Beruf zu haben, um unabhängig zu sein
und die Möglichkeit zu haben auf wertschätzende Art und Weise seinen
Unterhalt zu verdienen.

All die Jahre vor der irgendwann notwendigen Selbstständigkeit und
Selbstverantwortlichkeit für das eigene Leben stärken das Rückgrat und
schaffen, wenn alles gut geht, Erfolgsgeschichten, die glauben machen,
dass auch dieser weitere Schritt, dieser Sprung in unbekanntes und
herausforderndes Land bewältigt werden kann.

Eltern und Schule bereiten den Boden, auf dessen Hintergrund der
Jugendliche dann seinen Bewegungen folgt und die ihm dann den Mut
geben können, daran zu glauben, seine Ziele und Intentionen auch
verwirklichen und umsetzen zu können. Hier wird hinterlegt, was der
Jugendliche für die Zukunft braucht.

Schule und Eltern sind vorübergehende Begleiter der Kinder und
Jugendlichen. Überall sind sie die Konstante, die bleibt und das Kind
kann das, was bereitgestellt wird, nutzen. Eine kluge Schule und ein
kluges Elternhaus wissen darum, dass sie eine dienende Funktion haben
für ihre Kinder, die diese mit allem ausstattet, was sie für den selbst
gestalteten Weg brauchen.

Im besten Fall wurde hier der Vorrat angelegt, der für ein Weiterkommen notwendig ist.

Daraus kann man ableiten, dass Schule und Elternhaus wach bleiben müssen für gesellschaftliche Bewegungen und daraus sich ergebenden Anforderungen, damit sie darauf auch vorbereiten können und das Entwickeln entsprechenden Rüstzeugs rechtzeitig anregen können.

Habe ich als Erziehungsverantwortlicher tatsächlich im Kopf: Was braucht das Kind, um zukunftsfähig zu werden, in der Erfüllung des Bedürfnisses nach eigener Bewegung? Oder bin ich bemüht, eingespielte Selbstverständlichkeiten einzufordern, die sich im Rahmen von Normalität widerspiegeln?

Ein Zwischenlager vorzubereiten hat etwas mit Vorausschauen zu tun. An das Zwischenlager gebunden sind Fragen nach Loslassen können, nach Regeln, nach Rahmenbedingungen und damit auch das engagierte Auseinandersetzen mit den Schritten der Jugendlichen in die Selbstständigkeit. Dazu gehört es durchaus auch einmal den Streit zu wagen. Selten brechen Jugendliche so total und abrupt, wie wir es vielleicht manchmal befürchten.

XXII. Notwendige Hausaufgaben der Eltern / der Pädagogen

So wichtig es in der Begleitung kleiner Kinder als Pädagoge oder als Eltern ist, sich in diese einzufühlen, sich den subjektiven Spürraum der Kinder transparent zu machen, um spüren und fühlen zu können, wo sie stehen, wo sie sich bewegen und vor allen Dingen, was sie bewegt, so wichtig ist es mit zunehmendem Alter der Kinder, darauf zu achten, dass wir Erwachsenen nicht anfangen für sie zu spüren. Es ist nicht hilfreich, wenn wir die Not unserer Kinder fast wie eine eigene Not übernehmen und dann anfangen, von außen zu steuern, um die Not aus der Welt zu schaffen, die uns fast wie eine eigene bedrängt.

Es geht nicht darum, dass wir für die Jugendlichen tätig werden und Abhilfe schaffen. Vielmehr müssen wir lernen es auszuhalten, ohne unsere Wachheit und unsere aufmerksame Begleitenergie preiszugeben, dass wir die Situation nicht für die Jugendlichen lösen können. Wir müssen den Klimmzug vollbringen, zu spüren, wo sie stehen, was es eigentlich in ihrem Leben braucht, aber auch auszuhalten und abzuwarten, bis sie selbst ins Spüren und ins Tätigwerden kommen, um ihre Situation zu verändern.

Wir können sie hier einzig immer wieder in Kontakt mit unserem Erleben und unserer empfundenen Sorge bringen, ohne dass wir die Situation über den Berg tragen können.

Die Kinder bringen etwas mit, was angelegt ist, was sich aus ihrem Wesen ergibt – und es gibt Facetten und Tendenzen, die es erst noch zu entwickeln gilt. Die Auseinandersetzungsspannung, die sich daraus ergibt, muss nach und nach von den Kindern selbst getragen werden, wenn sie erwachsen werden wollen. Zwischen dem Eröffnen von Möglichkeiten durch uns Erwachsene und dem Aushalten des Selbsterprobens durch die Kinder und Jugendlichen müssen wir Begleiter unseren Weg finden. Mit zunehmendem Alter der Jugendlichen wehren sie sich, wenn wir uns in sie einfühlen, als ob es sich um unser Leben handelt. Sie verbitten sich das, denn es ist ihr Leben und niemand anderes als sie selbst muss es tragen.

Wenn Erwachsene hier die Grenze überschreiten, ergeben sich allerlei zerstörerische Impulse, die auch rückwirken. Dann finden die Jugendlichen allerhand Peinlichkeiten an uns, für die sie sich schämen, weil sie die Grenze zwischen Du und Ich nach unserem Vorbild verwischen.

Wege entstehen beim Gehen. Es gibt keine Antwort im Vorhinein, wohin der Weg führen wird. Wichtig ist, in einen Lebensfluss zu kommen, der Schritte ermöglicht, die weiterführen. Alles was mit Verantwortung und Vertrauen zu tun hat, ist in diesem Fall hilfreich und eröffnet neue Perspektiven. Die Situation in die eigenen vorausgedachten Bilder zwingen zu wollen, ist nicht hilfreich. Die uns anvertrauten Jugendlichen werden sich verweigern. Es geht darum, eröffnen zu helfen, Mut zu machen und Vertrauen zu haben, wach zu begleiten, dann aber auch zu überlassen.

Solche offenen Prozesse können lange in der scheinbaren Stagnation verharren, die sich auch dem Jugendlichen selbst unbefriedigend darstellt, aber wir können das nicht beschleunigen. Immer wieder muss sich im Leben von uns Menschen auch ein innerer Leidensdruck oder ein starker Veränderungswunsch aufbauen, damit wir mal wieder vorwärts geschoben werden und selbst die Initiative ergreifen können. Ob das Ganze dann gut ausgeht, wie das Ganze ausgeht, kann im Vorhinein niemand wissen.

Die Initialzündung für die Übernahme der Gesamtverantwortung der eigenen Lebensgestaltung kann nur aus dem Innenraum des Jugendlichen selbst kommen. Wir können helfen, dass die Flamme weiterbrennt, dass er immer wieder in Kontakt kommt mit seinen Entwicklungsthemen, aber wir haben den Zündschlüssel nicht, der hilft den letzten Ruck zu tun, um sich wirklich selbst in der Pflicht zu fühlen. Dem Lebenswillen eine Richtung und eine vorausgedachte Gestalt zu geben, die dann auch verwirklicht werden will, aus dem eigenen tief gegründeten Herzenswunsch, das kann nur aus dem eigenen Innenraum entstehen.

Es ist in der heutigen Zeit nicht mehr selbstverständlich, dass Beruf auch etwas mit Berufung zu tun hat. Oftmals steht im Vordergrund, den Zugang zur materiellen Teilhabe abzusichern und weniger, den Spielraum zu lassen, dass sich aus der Tiefe Bewegungswünsche und Tendenzen eröffnen können, die vom Wesen her zielführend und weiterführend sind.

Bei sensiblen Jugendlichen führen diese Double-Bind-Botschaften zu inneren Konflikten. Einerseits heißt es, finde deinen Weg, und andererseits heißt es, mache das im vorgegebenen, materiell erfolgreichen Rahmen. Hier wird die Quadratur des Kreises versucht und das Ergebnis vorschnell erwartet. Die Jugendlichen sollen fündig werden ohne einen Berufszielfindungsprozess, der ja ausschließlich auf Versuch und Irrtum beruhen kann, zuzulassen.

Ist die Schule bzw. sind die Pädagogen, die ja ihr Handeln sehr stark von einer zielgerichteten, linear angelegten Leistungsorientierung ableiten, überhaupt in der Lage, die Suche und das Finden der eigenen Berufung zu unterstützen? Wollen wir Erwachsenen dies überhaupt als Aufgabe anerkennen und annehmen, dass das Wachsen in Verantwortung auf Seiten der Jugendlichen begleitet sein darf bzw. begleitet sein muss von dem Erfüllen eigener Wünsche, eigener Wachstumsbedürfnisse und eigener Neugierbewegungen? Noch viel grundsätzlicher gefragt: Braucht es nicht Menschen, die über das Gespür für sich selbst und die Notwendigkeiten, die es eben braucht, um sich gut zu fühlen, auch ein Gespür dafür entwickeln, was die Natur, was unsere Lebensgrundlage für eine Haltung braucht, dass sie über den Tag hinaus bestehen und unseren Lebensgrund absichern kann? Kann ein Mensch, der an sich selbst vorbei lebt, die Notwendigkeiten des Lebendigen berücksichtigen oder neigt er nicht dazu, sich darüber hinwegzusetzen?

Wollen wir unsere Kinder und Jugendlichen ganzheitlich begleiten und sie darin unterstützen, einen Blick fürs Ganze zu gewinnen, müssen wir unsere Hausaufgaben machen und Antworten finden. Denn nur wer das Ganze sieht, sieht über sich selbst hinaus und kann sich im Gefühl der Verantwortung für das Ganze persönlich zurücknehmen. Und das ist eine Fähigkeit, die dringend gebraucht wird.

E Gesellschaftliche Prozesse und jugendliche Entwicklung – abgebildet in angelegten, offenen Prozessen

XXIII. Ritualisierte Gestaltungsräume für Jugendliche schaffen – sanktionsarme Räume für wertbildende Kommunikation

Wer mit Jugendlichen gemeinsam in emanzipatorischen Prozessen gestalten will, der wird zuallererst auf die Situation der Jugendlichen selbst gestoßen. Er muss sich mit deren innerer und äußerer Realität, mit ihren Entwicklungsaufgaben und den Herausforderungen, denen sie sich stellen müssen, auseinandersetzen.

Abschied, Revolte, Gefühlsaufruhr, heftige Ambivalenzen sowie Kreativität machen die Jugendzeit zu einem spannungsgeladenen Prozess. Aktive Auflösung und Neugestaltung des Lebensentwurfs sind zwingende Elemente in dieser Lebensphase. Ihr Kernstück ist der Kampf zwischen Vergehendem und dem Wunsch nach Veränderung. Unruhiges Suchen und Tasten in allen Bereichen der Körper-, Psyche- und Sozialentwicklung sind für das Jugendalter charakteristisch.

Entscheidend für die positive Bewältigung sind die drei folgenden Bereiche:

1. Die individuelle Persönlichkeit des Jugendlichen mit seinen körperlichen, seelischen und geistigen Möglichkeiten, sein Selbstbild sowie sein vorhandenes oder nicht vorhandenes Selbstbewusstsein. Wichtig ist auch, welchen Sinn sein Leben für ihn hat.
2. Das soziale Umfeld des Jugendlichen, begleitet von der Frage: Hat der Jugendliche Halt erfahren in den Primärbeziehungen? Erfährt er Zuneigung und Anerkennung? Von wem? Welchen Status, welche Rolle hat er, was für Handlungsvorbilder sind die Eltern, welchen anderen Erwachsenen ist er begegnet?
3. Aus welchem soziokulturellen Milieu kommt der Jugendliche? Aus welcher sozialen Schicht kommt er, in welchen Wohnverhältnissen ist er groß geworden? Lebt er in der Stadt oder auf dem Land? In welcher Kultur ist er groß geworden?

Die Alltagswelt der Jugendlichen ist also ein aspektreiches Beziehungsgeflecht, geprägt von einerseits individuellen, biografischen und biologischen Aspekten, andererseits von gesellschaftlichen, soziokulturellen, sozialen, historischen und wirtschaftlichen Aspekten. Entsprechend vielschichtig stellt sich die Lebenswelt der Jugendlichen (ihre Einstellungen und Haltungen etc.) dar, dort, wo sie sichtbar wird.

Die Lebenssituation von Jugendlichen

Persönlichkeitsentwicklung und Gesellschaftsentwicklung sind über die ganze Lebensspanne hinweg nicht unabhängig voneinander zu sehen. Aber in der Phase, in der die Jugendlichen sind, erreicht dieses Beziehungsverhältnis eine einzigartige Dichte und Differenziertheit. Viele Merkmale und Probleme dieser Lebensphase spiegeln Erscheinungen wieder, die der gesamten Gesellschaft erst noch bevorstehen. Die Jugendlichen sind soziale und politische Seismographen, auch wenn sie sich selbst dessen nicht immer bewusst sind.

Auf der einen Seite wird in unserer Gesellschaft ein enormer Jugendkult betrieben – nur wer jung, schön, gesund und produktiv ist, zählt in unserer Welt – und die Alten werden an den Rand gedrängt. (Allerdings verbirgt sich dahinter eine Philosophie, die nicht unbedingt von den Jugendlichen selbst kommt, sondern die zu einem bestimmten Gesellschaftsverständnis einfach gehört und Jugendliche manipulativ auf diesen Platz setzt.)

Auf der anderen Seite weist die Alterspyramide einen eindeutigen Überschuss auf Seiten der Alten auf. Die Lebensspanne hat sich in den letzten 100 Jahren doch um ungefähr zehn Jahre verschoben und gleichzeitig ist ein bemerkenswerter Geburtenrückgang zu verzeichnen.

So ist es für die Jugendlichen im Moment wesentlich schwerer, sich für ihre Bedürfnisse politisch Gehör zu verschaffen. Dazu kommt im Bereich der Schule, dass die Lehrer, die ja auch ein Stück weit den Generationentransfer leisten sollen, heute aufgrund einer verfehlten Einstellungspolitik ein sehr hohes Durchschnittsalter erreicht haben.

Für die Jugendlichen kommt es, bedingt durch die Aussicht auf eine längere Lebensspanne, aber auch aufgrund der geringeren traditionellen Festlegung auf ganz bestimmte Rollen in ganz bestimmten Lebensphasen, zu einer Verschiebung von Lebensabschnitten oder sogar zu neuen Lebensphasen.

Die möglich gewordene Vielfalt von Lebensabschnitten – sicher bedingt durch den immer noch enormen ökonomischen Spielraum vieler Familien – eröffnet den Jugendlichen eine Vielfalt von Möglichkeiten der Neugestaltung und Neudefinition. Doch indem die Spielräume größer werden, werden auch die Entscheidungen für oder gegen etwas schwieriger.

Hinter der vielen Zeit und den gehäuften Gelegenheiten für die eigene Entfaltung von Plänen und Zielen steht eine erst noch zu bewältigende Anforderung: Es ist von jedem einzelnen Jugendlichen ein hohes Maß an individueller Selbstdefinition und Eigengestaltung des Lebenskonzeptes und -entwurfes gefordert. Individualisierung bedeutet heute nicht mehr nur die Chance, sich selbst verwirklichen zu können, sondern auch die Gefahr zunehmender Isolation und Vereinzelung.

Im Übrigen wächst auch die Gruppe derer, für die sich die potenzielle Vielfalt an Entscheidungsfreiheiten längst als Illusion des boomenden Wohlstandes herausgestellt hat. Die rasante Entwicklung der Moderne macht Lebensplanung ja auch unsicher und löst Selbstverständlichkeiten auf, wie z.B. die Sicherheit eines festen Arbeitsplatzes. So gesehen muss eine höhere Anforderung nicht unbedingt eine höhere Individualisierung bedeuten.

Das Gewicht sozialer Vorgaben und gesellschaftlicher Strukturen weicht zurück. Die selbstverständliche Wirksamkeit traditioneller Ordnungen weicht auf. Allerdings findet in weniger verbindlicher Weise über alle starren Schichttraditionen hinweg heute eine Normierung durch die Massenmedien statt. Diese gibt jedoch eher Halt im äußeren Erscheinungsbild und weniger bei der inneren moralischen Wertefindung.

Jugendliche erkennen, dass viele Erwachsene kein wirkliches Bezugs- und Wertesystem mehr haben, von dem her sie Verantwortung übernehmen. Das aber wäre Voraussetzung dafür, um der Welt eine eigene Bedeutung zu geben.

Wer den Geschehnissen keine Bedeutung geben kann, der kann für sich auch nicht entscheiden, was er für gut oder schlecht, richtig oder falsch, für notwendig und angemessen hält. Erwachsene ohne eigenes Bedeutungs- und Wertesystem werden für Jugendliche bedeutungslos. Sie können weder begrenzen noch unterstützen. Auf diesem Hinter-

grund ist die auffällige Selbstbezogenheit der Jugendlichen heute eine
verständliche, gesunde Reaktion, denn sie führt immerhin zu einem
festen Bezugspunkt, der wenigstens nicht dauernd oszilliert im Sinne
einer scheinbaren Willkür und Beliebigkeit. Auf die Selbstbezogenheit
zumindest kann sich der Jugendliche verlassen.

Es gibt heute keine sicheren Anhaltspunkte mehr für den Übertritt
ins Erwachsenenleben. Es gibt keine wirklich hilfreichen kulturellen
und religiösen Symbole, Zeremonien und gesellschaftlichen Riten mehr,
die den Jugendlichen den stützenden Rahmen für die tiefgreifenden
Veränderungen in ihnen als äußeres Zeichen geben. (Im allerbesten
Falle werden die Möglichkeiten der Selbstreflexion durch das Brüchig-
werden von Ritualen gesteigert. Doch das wird nur bei wenigen starken
Persönlichkeiten der Fall sein.)

Wichtigste Stichworte für die tiefgreifenden Veränderungen wären
für mich: Einmal die Integration der Unruhe stiftenden Körperveränderungen sowie die beginnende Sexualisierung im erwachsenen Sinne,
das Springen auf eine Stufe eigenverantwortlicherer Moralbildung, dann
aber auch das Standhalten können – hinsichtlich der Realität, dass der
Tod zum Leben gehört und dass es keine wie auch immer geartete
Gerechtigkeit gibt, wenn es darum geht, wer was wie lange (erfolgreich)
überlebt. Dafür bedarf es meiner Ansicht nach einer Übermittlung von
Sinn für das eigene wie auch das kollektive Leben.

Dem könnte man gegenüberstellen: Natürlich gibt es Riten, so ist z.B.
der Erwerb des Führerscheins für Jugendliche zum Ritus geworden oder
der Schulabschluss wird zum Ritus gestaltet und auch ohne äußeren
Proporz als solcher erlebt. Ebenso wäre hier die Freisprechung vor der
Handelskammer, die Gesellenernennung, einzuordnen. Andererseits ist
selbst die Ableistung des Wehrdienstes, der lange Zeit als Übergangsritus
gedient hat, im Auflösen begriffen und damit auch der Zivildienst.

Dagegen lässt sich nichts sagen. Doch greifen diese Riten nicht im
Sinne einer bewussten Einweisung in die Gemeinschaft, die sich auf klar
herausgestellte Werte gründet. Nur so aber wird man zu einem vollen
Mitglied einer Gemeinschaft:

Es wird einem zugesprochen, künftig selbst Verantwortung für den
Erhalt von Werten zu übernehmen oder zumindest doch für den ver-
antwortungsvollen Umgang mit erprobten Werten zu stehen.

In diese äußerlich mit einem Zeichen verbundene Verbindlichkeit
wird heute keiner mehr gerufen. So bleibt sehr viel Verantwortung

für die Jugendlichen bei ihnen selbst hängen – wenn es um die eigene
Lebensbewältigung geht, aber auch, wenn es darum geht, zu einer inneren Verpflichtung für die soziale Gemeinschaft zu finden.

Angesichts der komplexeren und undurchschaubareren Welt, deren
Wertepluralismus sich zum Teil mittlerweile in einer Wertebeliebigkeit
zu verlieren droht, und einem Elternhaus, das, durch gesellschaftliche
Entwicklung selbst betroffen, eine innere Vermittlung immer weniger
leisten kann und als Sozialisationsinstanz real an Bedeutung verliert,
spielen für die Jugendlichen Gruppe und Clique eine größere Rolle bei
der Herausbildung von Werten und Orientierungsmustern.

Junge Leute verbringen immer weniger Zeit im Kreise der Familie.
Die soziale Einheit des Wohnens ist letztlich immer seltener eine Familie. Es entwickeln sich neue und andere Haushaltstypen (Unverheiratete,
Paare, Wohngemeinschaften, Alleinerziehende etc.) neben und anstelle
des Familienhaushaltes. Neue Haushaltsformen sind nicht nur Vor- und
Schrumpfformen, also unvollständige Familien, sondern eigenständige
Lebensformen.

Die Familie ist dabei, (in ihrer traditionellen Form) ihre monopolistische und alternativlose Sonderstellung zu verlieren.

Die meisten Individuen erleben im Laufe dessen, was die Fachleute
Lebenszyklus nennen, mehrere familiäre oder quasifamiliäre Bindungen, während sie früher in ein und derselben Struktur nur den Platz
wechselten.

Angesichts dieser gesellschaftlichen Veränderungen wird die emanzipatorische Auseinandersetzung mit Werten wie auch das Gestalten
des eigenen Lebenskonzeptes, sehr erschwert. Deshalb benötigen
Jugendliche gerade heute *sanktionsarme Räume für wertbildende Kommunikation.*

Die meisten Indizien, die auf eine Entwicklung in der Zukunft schlie
ßen lassen, finden wir in der Stadt. Denn in den Ballungsräumen der
Stadt komprimieren sich die vielfältigsten Erfahrungshintergründe zu
neuen Lebensformen.

Die Jugendlichen brauchen Hilfestellung in der Weise, dass sie auf die
möglichen Verhältnisse vorbereitet werden. Nur so können sie eigene
Sinnzusammenhänge und Bereitstellungen für vorläufig nur gedachte,
eigene Lebenslösungen entwickeln.

Individualisierung, Pluralisierung und Multikulturalisierung, die
Entsynchronisierung von Tages- und Lebensabläufen, die Zunahme

unkonventioneller Lebensstile brauchen ein neues inneres Bezugssystem, das in der Lage ist, Antworten zu geben. Sie brauchen Privatheit und Toleranz, den intermediären Raum als Integrationsraum. Die selbstgewählte Nachbarschaft, das tolerante Unterstützungsmilieu, das Selbstgewählte werden immer wichtiger.

Verhältnis zu Eltern und anderen Erwachsenen

Den Eltern und anderen Erwachsenen gegenüber haben die Jugendlichen sehr zwiespältige Einstellungen. Auf der einen Seite suchen sie ihren Schutz, auf der anderen Seite wollen sie aber auch ohne sie zurechtkommen.

Sie wollen in dieser für sie neuen Entwicklungsphase erkannt und anerkannt werden, wollen sich gleichzeitig aber auch verbergen. Sie wollen die Erwachsenen als stark erleben. Gleichzeitig wollen sie sie schwach sehen, um sich über die eigenen Kräfte ein Bild machen zu können. Sie wollen bereits die Vorzüge des Erwachsenseins genießen, ohne unbedingt auf die Vorzüge der Kindheit zu verzichten. Sie schimpfen über gesetzte Grenzen, würden es aber als mangelnde Sorge interpretieren, wenn es keine Grenzen gäbe.

Was bedeutet das für uns als begleitende »Erziehungspersonen«? Sicher muss punktuell noch für die Pflege und Versorgung eingesprungen werden. Die Jugendlichen dürfen aber auch begrenzte Präsenz und Belastbarkeit bei den Erwachsenen spüren. Auch Erwachsene haben Interessen, denen sie nachgehen. Die Jugendlichen müssen mehr und mehr für sich stehen und wollen von uns auch in ihren spezifischen Stärken und Schwächen gesehen werden. Es sollte deutlich werden, dass wir die Jugendlichen ernst nehmen und dass wir an ihre ganz spezifischen Kompetenzen glauben. Schön ist es, wenn es uns über die eigene Person zu vermitteln gelingt,

– dass es wertvoll ist, wenn ein Mensch etwas ganz Bestimmtes kann.
– dass es wertvoll ist, wenn sich ein Mensch für bestimmte Dinge, die er aufgrund der eigenen Überzeugung für wichtig und gut hält, auch einsetzt.

Die Ablösung findet also zwischen zwei Polen statt: Einmal immer noch Geborgenheit vermitteln, gleichzeitig Unterschiedlichkeiten als vorhandene Realität bestätigen. Auch Eltern und Pädagogen haben ihre unterschiedlichen Stärken und Schwächen. Schön ist es, wenn es gelingt über die begrenzte eigene Person, so etwas wie Lust an sich selbst, an den eigenen Themen und am Leben zu haben und dies auch noch den Jugendlichen zugänglich und erlebbar zu machen. Wobei die Wege der Jugendlichen ganz anders aussehen können als unsere.

Wichtig ist, dass sich die Erwachsenen der Auseinandersetzung mit den Jugendlichen stellen. Sprich, dass sie deutlich machen,

– was sie meinen,
– was sie wollen,
– warum sie es wollen.

Erziehung ist eine *Aushandelsbeziehung*, wobei das Aushandeln verlässlich sein muss. Es muss sich für die Jugendlichen in dem Sinne lohnen, dass sie merken, wenn ich mich mit jemandem auseinandersetze, kann ich etwas beeinflussen. Es muss aber auch möglich sein, dass wir von den Jugendlichen bestimmte Selbstverständlichkeiten und Verlässlichkeiten erwarten können.

Jugendliche brauchen Vorbilder:

– an denen sie sich orientieren können,
– mit denen sie sich vergleichen können,
– an denen sie sich messen können.

Die Vorbilder müssen sich selbst, ihren Gefühlen und Handlungen vertrauen können.

Jugendliche wünschen sich Vorbilder, die auch einmal Räume entstehen lassen können, in die hinein sich die adoleszente Ambivalenz Bahn brechen kann. Denn nur, indem es sich so ereignen darf, kann Handeln wirklich erprobt werden und können sich Emotionen – weil sie in der Beziehung ihren Platz haben – auch ausdifferenzieren. Jugendliche erkennen schnell, ob vermittelte Werte von den Erwachsenen auch wirklich durchdrungen sind oder ob sie nur die Oberfläche zieren. Gerade an dieser Nahtstelle wird schnell das tatsächlich gelebte Leben sichtbar.

Die Erwachsenenrolle gegenüber den Jugendlichen verantwortlich auszufüllen ist nicht leicht. Allerdings sind realistische Vorbilder nun einmal Menschen mit kleinen Fehlern und Schwächen. Obwohl die Jugendlichen das selbst wissen und auch gar nicht mehr erwarten, wollen sie das von den Erwachsenen selbst erfahren. Sie richten jede Menge

Erwartungen an die Erwachsenen, an die Aufgaben, die sie erfüllen, an ihr Verhalten, an ihre Einstellungen und Werte, an die Beziehungen, die sie mit ihnen eingehen. Die Position und die Funktion der Erwachsenen in der Gruppe werden fortwährend kritisch beleuchtet.

Wichtige (Grund-)Bedürfnisse des Menschen

Neben den essenziell menschlichen Überlebensbedürfnissen (z.B. Essen, Trinken, Schlafen) ist für den Menschen die Sexualität, sein physisches und psychisches Wohlbefinden wichtig.

Weitere wesentliche Bedürfnisse sind das Bedürfnis nach neuen Erfahrungen, nach einem solidarischen Gruppenzusammenhang, nach Selbstbestimmung, nach Orientierung, nach der Erfahrung etwas bewirken zu können, nach befriedigenden Freundschafts- und Partnererfahrungen, nach sozialer Anerkennung und Akzeptanz in der Gemeinschaft, nach Sicherheit und emotionaler Geborgenheit.

In gestalteten Erfahrungsräumen kann den Jugendlichen Zugang zu ihren wesentlichen Bedürfnissen eröffnet werden. Das Wissen um die eigenen Bedürfnisse ist Voraussetzung dafür, dass sie ihr Leben selbst in die Hand nehmen und es zufriedenstellend gestalten lernen.

Weitere präventive Bausteine sind emanzipatorische Erziehung und Erfahrung. Sie schaffen die notwendige Tiefenverankerung in der Persönlichkeit und die Verbindlichkeit, die nötig ist, um für sich selbst und die eigene Entwicklung die Verantwortung zu übernehmen.

Diese präventiven Grundsteine werden jedoch oftmals nicht gelegt. Da die traditionellen Systeme in komplexen Gesellschaften strukturell an Tragfähigkeit verlieren, Wünsche nach Selbstbestimmung wachsen, gleichwohl wirkliche Selbstorganisationskompetenz zu wenig vermittelt wird und die Zahl problematischer Ersatz-, Halt- und Sinngeber (von Medien- und Konsumidolen bis hin zu politischen und religiösen Sekten) zunimmt, erwächst hier der Jugendhilfe / Sozialraumorientierung eine wichtige Aufgabe.

Pädagogik muss die Jugendlichen auf die Welt vorbereiten, wie sie wirklich ist. Dazu gehört das Umgehen mit der Vielfalt potenzieller Zukunftsgestalten, deren Verwirklichung jedem scheinbar offen steht.

In engem Zusammenhang damit ergibt sich fast von selbst die Notwendigkeit ausprobieren und experimentieren zu können.

Nur so können die jungen Leute heute zu Werten finden, die wirklich tragen und die für die Anforderungen in der Welt flexibel und stabil genug zugleich sind.

Um einen brauchbaren Lebensentwurf zu kreieren und die Chance auf ein erfülltes Leben zu haben, müssen Jugendliche Räume, Handlungsmöglichkeiten, Auseinandersetzungsprofile, Erfahrungen und Beziehungen nutzen lernen.

Generelle Ziele in der Arbeit mit Jugendlichen

Für die Arbeit mit jungen Menschen halten wir folgende Grundüberlegungen fest: Eine Person entwickelt sich weiter. Sie wächst weiter in der Überwindung der Krise und erweitert die eigenen Lebensmöglichkeiten. Es muss dabei die Chance gegeben sein, Erfahrungen und Fehler zu machen, Sicherheit und Unterstützung zu bekommen, wenn Stolpersteine auftreten.

Es gilt das Verhältnis:
- vom eigenem Kraft- und Zeitaufwand, im Hinblick auf den Erfolg,
- von Ursache und Wirkung,
- von den Möglichkeiten Realität selbst zu gestalten

... zu erfahren, um ein Gefühl für den eigenen Körper und für das eigene Leistungs-, Handlungs- und Eigentätigkeitsvermögen zu bekommen.

Es geht darum:
- eigene Kräfte und Grenzen zu erproben,
- oft antrainierte Passivität und Versorgungshaltung zu überwinden und
- mutiger zu werden, den eigenen Alltag selbst in die Hand zu nehmen.

Gelungene Selbstaktivität fördert das Selbstbewusstsein. Hierfür gilt es Folgendes zu ermöglichen:
- Auseinandersetzung mit der eigenen Person und der Mitwelt bei Jugendlichen anregen,
- zur Solidarität mit anderen Menschen befähigen,
- eigene Ziele und Interessen mit Gleichgesinnten verwirklichen,

- persönliche Fähigkeiten entdecken und weiterentwickeln,
- den Grad des Bewusstseins für Verantwortung erweitern, offen für Probleme und Wünsche der anderen werden,
- Zärtlichkeit und Einfühlung als bestimmende Elemente mitmenschlichen Miteinanders kultivieren,
- sein Leben planen lernen und Zusammenhänge dabei erkennen lernen,
- sich selbst mit den eigenen Bedürfnissen, Fähigkeiten und Problemen besser verstehen lernen,
- eigene Bedürfnisse, Fähigkeiten und Probleme anderen verständlich machen,
- andere verstehen,
- auf dem Hintergrund solcher Verständigung sich in verschiedenen Rollen erproben, sie weiterentwickeln und auch andere dabei unterstützen,
- ein Bewusstsein über die Verschiedenheit von Lebensverhältnissen, Erfahrungen und Bedürfnissen herstellen,
- sich auseinandersetzen mit den täglichen Aufgaben, mit den eigenen Möglichkeiten, Zielen und in der Reflexion die eigenen Aufgaben und Ziele formulieren lernen,
- jedem zugestehen, dass es eine Vielzahl an Persönlichkeiten gibt mit anders gearteten Verpflichtungen, und darin eine Bereicherung erleben.

Wer solcher Art gerüstet ist, kann sich selbst vertrauen und es fällt ihm leichter Vertrautheit im Umgang mit anderen zu erleben. Das ist die Voraussetzung für ein erfülltes Leben.

Zwischen den Polen von Tradition und Kultur auf der einen Seite und menschlichen Bedürfnissen und Vorlieben auf der anderen Seite kommt es vor allen Dingen auf den Eigentätigkeitsprozess der Jugendlichen an. Vor allen Dingen kommt es auf eine bereits vorhandene oder noch zu schulende Haltung an, die es zulässt, solche spannungsreichen Widersprüche in unserem Dasein auszuhalten.

Gleichzeitig soll es dabei gelingen, dass eine Kontinuität zu den eigenen Wertemaßstäben und Grundüberzeugungen bewahrt werden kann oder, wenn noch nicht vorhanden, entwickelt werden kann.

Ritualisierte Gestaltungsräume sollen es den Jugendlichen ermöglichen, mit sich und anderen zu experimentieren, sich und andere zu erkunden und allein oder gemeinsam zu improvisieren. Ritualisierte Gestaltungsräume sollen Ziel-, Wunsch- und Zukunftsräume öffnen helfen und erfahrbar machen. Ritualisierte Gestaltungsräume stehen ritualisierter Nichtbeziehung und Konsumhaltung diametral gegenüber.

Im aufmerksam bezogenen Miteinander ist jeder Mensch fähig (mit-) zu gestalten: In den nächsten offenen Moment hinein wollen aus entstehenden Momentaufnahmen und Gefühlslagen heraus Handlungsschritte entwickelt werden, die sich aktiv in die Situation hinein gestalten. Über das Sichtbarwerden von aktiven Handlungsfragmenten können eigene Lebensinhalte bearbeitet werden und dabei gleichzeitig kreative und mediale Fähigkeiten beansprucht und entwickelt werden. Aktiv handeln in Lernprozessen mit Handlungsperspektiven – das soll heißen: Wichtiger als ein wünschenswertes, zu erzielendes Ergebnis muss der Prozess der Gestaltung und der Beobachtung sein.

Für den Leiter bedeutet dies, eine offene Situation – oder scheinbare Stillstände – ohne einzugreifen, auszuhalten. Solche Momente sind für das Erlebnis der Jugendlichen entscheidend: Aus eigener Kraft in einem vielleicht mühsamen Prozess (zum Teil auf enormen Umwegen) zum Ziel zu kommen. Denn Jugendliche wollen sich aus sich selbst heraus ausdrücken, dem zu einer Gestalt verhelfen, was sie innerlich umtreibt. Austragen und Formen von gestauten, geballten und ungeformten Lebenskräften ist für sie lebenswichtig.

Maßstab und Grenzen in der Arbeit mit Jugendlichen müssen die sprachlichen und nichtsprachlichen Fähigkeiten sein, die Jugendliche in den Lernprozess einbringen.

Verhalten wird gerade in der Begegnung geprägt und nicht dort, wo ausschließlich gesprochen und aufgeklärt wird.

Eigene, äußerlich gestaltete, arrangierte Situationen erzeugen innere Bilder und Gefühle bei anderen. Jugendliche können sich in den Bildern anderer wiederfinden, sich an ihnen orientieren und darüber miteinander ins Gespräch kommen. Gemeinsam ausprobieren und verwerfen, darauf bedacht, eigene Grenzen und Eigenschaften auszubilden und auszuhalten, aber auch Aufleuchten von Gemeinsamkeiten auszudrücken.

Es gilt eine neue Form von Heimat zu finden, die meines Erachtens darauf beruhen sollte, dass der Jugendliche darauf vertraut, mit seinem Innenleben als Partner, Antworten auf die unterschiedlichsten Herausforderungen (von außen und innen) zu finden und diese auch umzusetzen.

Dazu bedarf es der Erfahrung: »Ich kann gestalten.« Denn wer selbst gestaltet, gewinnt Selbstvertrauen und damit hoffnungsvolle Identität. Eigenaktivität hilft, über Resignation hinauszuwachsen. Grenzüberschreitungen, neue Erfahrungen, Undenkbares denkbar werden lassen – das erzeugt Betroffenheit und regt Veränderung an. Es eröffnen sich Chancen für neue Einstellungen und Beziehungen.

So können eigene Defizite ausgeglichen und der eigene Persönlichkeitshorizont überschritten werden.

Dabei darf nie aus dem Auge verloren werden, dass Kinder und Jugendliche – gerade wenn sie teilnehmen und teilhaben an einem gemeinschaftlichen Prozess – allein aufgrund ihrer Beobachtung und den ihnen klar gesetzten Grenzen (die ausschließlich nicht wiedergutzumachenden Schaden abwenden sollen) die Regeln des Zusammenlebens oft besser wahrnehmen, als wenn sie von einem Erwachsenen erklärt werden.

Jeder Pädagoge kann bestätigen: Oft erfinden Kinder und Jugendliche selbst Regeln für ihr Spiel untereinander und lernen dadurch die Durchführung und Überwachung von aufgestellten Regeln und erfahren gleichzeitig, was es heißt, mit der Konsequenz beim Übertreten einer solchen Abmachung in Berührung zu kommen.

Es gilt also, den Jugendlichen möglichst viel Verantwortung für das Aushandeln selbst zu belassen.

Dem Erziehungsverantwortlichen bleibt die Aufgabe, die Erlebnis- und Beziehungsqualität so verdichten zu helfen, ein Erfahrungsfeld so zu arrangieren, dass es zur unvergesslichen Begegnung kommt und bleibende Bilder geschaffen werden, die den Jugendlichen bei der Weiterarbeit an ihrer (Bastel-)Biografie helfen.

Im Anschluss daran ist es wichtig zu vermitteln:
- Was war meine Intention?
- Was wollte ich mit meinem Anstoß in Bewegung bringen?
- Was war mein Ziel?
- Was ist dabei herausgekommen?
- Wie ist es euch ergangen?
- Auch die selbstkritische Frage des Leiters: Wo gilt es eventuell etwas zurechtzurücken (zerstörerische Schlüsse und Bedeutungsgebung auf Seiten der Jugendlichen) oder zurückzunehmen (Fehlverhalten des Leiters, Missachtung von persönlichen Grenzen).

Das Entscheidende für diese Aufarbeitung ist: Es gibt als Grundlage die Basis gemeinsamer Erlebnisse.

Alles, worüber im Nachhinein gesprochen wird, alles, was dem Einzelnen passiert, kommt aus einer Situation, die sich in der Gruppe ereignet hat und die von jedem unmittelbar erlebt wurde. Das hat viele Vorteile, vor allen Dingen führt es zu lebendigem und persönlich beteiligtem Lernen.

Es birgt aber auch Gefahren in sich: Wer sich im Rahmen einer Gemeinschaft für die anderen sichtbar selbst erforscht, riskiert auch persönlich etwas. Es ereignen sich für ihn Dinge, die er nicht mehr rückgängig machen kann.

Außerdem zeigt er sich und muss mit Bewertung durch die anderen rechnen. Allerdings entsteht auch nur so – indem alle sich auf den Austausch einlassen – eine Pluralität und ein Nebeneinander unterschiedlichster Lebensbewältigungsmuster und Lebensgestaltungsstrategien.

Die Erfahrung zeigt auch, dass durch die Selbstverständlichkeit des Nebeneinanders die gegenseitige Bewertung und Ausgrenzung irgendwann aufhört oder sich zumindest zu einem erträglichen Maß reduziert.

Deshalb gilt es einmal mehr Angebote zu entwickeln sowie Strukturen und Ressourcen bereitzustellen, die dazu befähigen und animieren, die Bedürfnisse der Beteiligten auszuhandeln, verschiedene Fähigkeiten und Rollen zu erproben und in wachsendem Maß Eigeninitiative und Rollensicherheit zu gewinnen.

In Kürze seien hier exemplarisch die Potenziale von Selbsterfahrungsangeboten und handlungsorientierten Erfahrungsräumen, wie auch ich sie initiiere, benannt:

- Sie arrangieren Situationen und Strukturen.
- Sie provozieren und moderieren Bedürfnisartikulation, -entwicklung und -aushandlung.
- Sie stellen die dafür förderlichen Ressourcen beziehungsweise Hilfen für deren Erschließung bereit.
- Sie schaffen die Chance, sich in simulierten Modellsituationen zu bewähren.
- Sie ermöglichen begrenzte und selbstgesteuerte Selbstenthüllung.
- Sie ermöglichen Spiegelbetrachtung. Wer will, kann sich über den anderen erfahren.
- Es entstehen Situationskonzepte, die unter Umständen in der Alltagswelt erprobt werden können.

Mir kommt es dabei auf den schöpferischen, eigenständigen und eigentätigen Prozess an, als Anstoß zur Selbstfindung, zur Selbstinterpretation und Selbstverwirklichung, aber auch als Anstoß zur Selbstdarstellung und zur Verarbeitung gesellschaftlicher Erfahrungen in der Kommunikation mit anderen.

Hier kann an der Wirklichkeit modelliert werden, jeder kann sie umdenken, verändern oder sie erproben. Alltagsbedeutung, Beobachtung und Erfahrungseinschätzung können geübt werden.

Aus einzelnen Szenen, Äußerungen, aus winzigen Reaktionen und Aktivitäten lernen wir auf Lebenskonzepte anderer schließen und unser eigenes zusammen zu puzzeln.

Diese Form zu lernen kann man als besondere, intensive Art seelischer Aneignung charakterisieren, als psychischen Vorgang von besonderer Unmittelbarkeit, emotionaler Tiefe und relativer Einmaligkeit.

Das Lernen findet als Bewusstseinsvorgang statt, bei dem jeder von der Sinnhaftigkeit des entstehenden Wirklichkeitsbereiches, des Ereignisses oder der Begegnung erfasst und beeindruckt werden kann, sofern er bereit ist sich unmittelbar erfassen zu lassen. Solche Seminarangebote zielen auf handlungsorientiertes Lernen, als Antwort auf den Mangel an unmittelbarer, sinnlicher Erfahrung.

Eine mediale Antwort aus zweiter Hand, wie sie das Fernsehen bietet, ist für die Jugendlichen nicht ausreichend. Normenkonflikte, krisenhafte Anpassungsprozesse sowie oszillierende Perspektivenfindung können in einer Zeit, in der sich sowieso viele Bindungen und Orientierungen lösen, durchaus soweit gehen, dass sie den (Über-)Lebenswillen erschüttern.

Hier ist der Halt in der Gruppe gefragt und das Erlebnis des gemeinsamen Ringens. Solche Gruppen könnten für die Jugendlichen Produzenten von Sinn sein. Ritualisierte Begegnungs- und Auseinandersetzungsformen können dabei behilflich sein. Ein Ritual ist eine Form, etwas weiterzugeben, was für die Gruppe Bedeutung hat oder sogar Lebensinhalt ist. Rituelle Handlungen entstehen einerseits wie von selbst im Alltag, so z.B. die ritualisierte Nicht-Beziehung in manchen Schulen zwischen Schülern und Lehrern. Sie sind mit Wiederholung verbunden und andererseits – oft wird das vergessen – an eine Entscheidung gebunden (wenn auch in diesem Fall unbewusst, so doch: z.B. keine Beziehung haben zu wollen oder eben eine versachlichte).

Wie kommt es zur bewussten Entscheidung für ein Ritual? Es müssen sich Bedürfnisse bzw. Themen bilden, die wichtig genug sind, dass die Gruppe für sich sagt, die müssen bei uns einen festen Platz haben.

Dann gilt es, sich auf den Weg zu machen, nach passenden ritualisierten Angebotshülsen zu suchen, die den Zugang zu den Bedürfnissen und Themen erleichtern helfen. Diese ritualisierten Angebotshülsen sind eine Art einladender Schutzraum, der einerseits öffnen hilft, andererseits aber in einen begrenzten, abgesteckten Raum Sicherheit gibt.

Maßstab solcher ritualisierter Angebotshülsen müssen allerdings die Bedürfnisse und Themen bleiben und insofern müssen sie immer wieder überprüft werden. Sind sie noch tauglich und erfüllen sie tatsächlich noch das, was sie ursprünglich erfüllen sollten? Oder haben sich vielleicht unsere Bedürfnisse und Themen geändert? Aus sich selbst heraus besitzen sie keinen Wert. Ein Ritual kann so gesehen in die Freiheit rufen, es kann aber auch entmündigen und unfrei machen.

Kinder und Jugendliche stark machen – zu stark für destruktive Lebensbewältigungsstrategien

Im außerschulischen Bereich wurden strukturierte, themenbezogene Erlebnis- und Erfahrungsangebote entwickelt, die die persönliche Geschichte jedes Einzelnen verantwortungsvoll aufgreifen. Wichtiger erster Schritt hierbei ist, über gezielt angeregtes Handeln etwas zu erleben. Zweiter Schritt ist, das Erlebnis in einem anschließenden Prozess des Austausches in die eigene Biografie einzuordnen.

Durch die Integration des Geschehenen in die eigene Persönlichkeit wird das Erlebnis zu einer bleibenden Erfahrung und bildet ein Stück gewordene Identität.

Dieses methodische Wissen, das in langjähriger Erfahrung erprobt ist und seine Wurzeln in der humanistischen Psychologie hat, sollte in der Schule im Sinne einer Verhältnisprävention (auch wenn das Angebot selbst auf eine Verhaltensprävention abzielt) strukturell als Angebot verankert werden.

Die Themen sind in ihrer spezifischen Zusammensetzung gezielt ausgewählt, weil all diese unterschiedlichen Teilbereiche im Leben Jugendlicher miteinander verwoben sind und in ihrer Gesamtkonstellation dazu beitragen, ob junge Menschen ihr Leben zuversichtlich in die Hand nehmen und der Sehnsucht nach dem Leben erliegen oder ob sie vorzeitig aussteigen (oder gar nicht einsteigen?), aufgeben und sich in abhängiges / zerstörerisches Verhalten flüchten.

Die Themen können natürlich je nach Bedarf und Situation in der Klasse verändert und ergänzt werden.

Im Folgenden einige exemplarisch dargestellten Einzelbausteine / Einheiten, thematisch knapp umrissen:

I. Neu in der Schule
Jedem Anfang wohnt ein Zauber inne, Ängste, Hoffnungen, Neubeginn, sich einfädeln müssen, seinen Platz finden, seine bisherigen Leistungen bestätigt sehen wollen, mit dem langen Tag zurechtkommen, wieder ein Stück größer und selbstverantwortlicher, auch mit Rückschlägen fertig werden müssen.

II. Kindheit
Die eigene Ursprungsfamilie / das eigene, biografische Gewordensein / die verschiedenen Plätze, die eingenommen und zugewiesen wurden / positive und negative Erinnerungen.

III. Selbstbild
Identitätsfindung als Frau oder Mann / Rollenvorstellungen / -erwartungen / Selbstvertrauen, Selbstannahme, Selbstverwertung, Selbsthass / Beziehungsverhältnis zu sich und zum eigenen Körper.

IV. Peergroup
Ich und die Gruppe / Gruppenerwartungen, Gruppennormen, Gruppenverhalten / mein Platz in der Gruppe / Solidarität und Halt in der Gruppe / Momentaufnahmen der unterschiedlichen Lebenswelten, bezogen auf Ort, Situation, Strukturen und Personen.

V. Schule, Schulalltag, Erfahrungen mit der Schule
Erfahrungen mit Schule / Beziehungen in der Schule (Schüler – Schüler, Schüler – Lehrer, Lehrer – Lehrer) / Mobbing / Außenseiter, Wortführer, Biografie einer Schulklasse / gelebte Kultur in einer Klasse / Klassenklima / unausgesprochene Werte / Ziel – Zukunft – Wunschträume in Bezug auf die Schul(-klasse).

VI. Freundschaft, Liebe, Partnerschaft
Umgang mit Gefühlen / Verliebtsein, Anmache, Kennenlernen / Sehnsüchte, Erwartungen, Enttäuschungen / (Un-)Treue / Selbst- und Fremdwahrnehmung / Verantwortung füreinander / sich zeigen, über sich sprechen.

VII. Sexualität und Lust
Psychosexuelle Entwicklung; Identitätsfindung / Sexualität und Sprache / miteinander schlafen, sich selbst befriedigen, Orgasmus / pervers – normal, Verhütung, Verantwortung füreinander.

VIII. (Sexuelle) Gewalt
(Sexuelle) Belästigung, Missbrauch, Grenzüberschreitung / Vergewaltigung / Brutalität untereinander / gemeinsam verantwortete Grenzen und Rahmenbedingungen im Umgang miteinander / Verantwortung des Lehrers – des Schülers.

IX. Konsumwelt und künstliche Bedürfnisse
Haben wollen / interessant sein wollen / dazugehören wollen / abspannen, sich gehen lassen / selber bestimmen und entscheiden können / Frustration abbauen.

X. Freizeit
Wie gestalte ich meine Freizeit? / Wo verbringe ich sie? / Freizeit zwischen Konsum und Selbstaktivität / Welche Bedeutung hat für mich Freizeit? / Freizeit als Ausgleich zu, Ersatz für, Lebensraum.

XI. Elektronische Medien
Fernsehen / Video / Computer(-spiele) / Handy / CD-Player / Leben aus zweiter Hand / Vielfalt der gebotenen möglichen Optionen, Rollen, Lebensstile etc.

XII. Abhängiges Verhalten / Ausweichverhalten / Suchtverhalten
Neugier / Krücke / schleichende Gewöhnung / sich zurücknehmen, unsichtbar werden, aufgeben / dazugehören, mitmachen, aufdrehen / Angst haben, nicht aushalten / flüchten oder standhalten.

XIII. *Zukunft und Selbstverantwortung*

Hinreichend gut gedachte Zukunft / räumliches Vorstellungsvermögen von der eigenen Zukunft stärken / Familien-, Berufs- Medien-, Konsum- und Freizeitkarrieren / Verbindungen, Einflüsse, Abhängigkeiten zu-, auf-, voneinander erkennen lernen.

XIV. *Abschied*

Wie war die Schulzeit für mich? Konnte ich mich gut einbringen? Genutzte und ungenutzte Gelegenheiten, welche Rolle hatte ich in der Schule, war ich damit zufrieden? Wie habe ich mich eingebracht? Bin ich unscheinbar geblieben? Wie ging es mir mit den Lehrern? Was muss ich noch aussprechen und da lassen, damit ich gut gehen kann? Was ist in den Beziehungen zu meinen Mitschülern ungelöst / unausgesprochen geblieben? Hätte ich mir etwas gewünscht, was nie eingetreten ist? Hat mich etwas besonders enttäuscht? Was waren meine Highlights in der Schule?

Es gibt mittlerweile etliche Anbieter auf diesem Feld, die Lehrer in ihrer eigenen Kompetenz stärken können, damit sie selbst solche Workshops mit Schulklassen unter Einladung des Schülerseins durchführen können. Es gibt ebenso zahlreiche Literatur, die Anleitung gibt, wie man solche Begegnungen mit Seminarcharakter in der Klasse selbst anlegen kann. Wer selbst vielleicht schon die eine oder andere Selbsterfahrungsgruppe als Teilnehmer kennengelernt hat, kann selbstverständlich auch kleine Selbstgestaltungsversuche machen. Aber denken Sie daran, es sollte drin sein, was darauf steht. Sie alle kennen das, wenn sich in der Lehrerfortbildung Seminare vollmundig ankündigen und dann doch kein Handwerkszeug für den vertieften Umgang eröffnet wird. Irgendwann hat man keine Lust mehr solche Seminare zu besuchen oder sich einzulassen. Schülern geht das nicht anders!

Zum Autor

Joachim Armbrust
Praxis für Psychotherapie, Paartherapie, Supervision,
Coaching, Mediation und Prozessgestaltung
Mauerstraße 2
74523 Schwäbisch Hall
Tel.: 0791 / 71552
E-Mail: joachim.armbrust@t-online.de
URL: http://www.Punkt-Genau-Seminare.de

Joachim Armbrust ist Diplomsozialpädagoge und heilkundlicher Psychotherapeut mit eigener Praxis in Schwäbisch Hall. Er bietet Fort- und Weiterbildungen an und ist seit über 20 Jahren in Schulprojekten und in der Lehrerfortbildung tätig. Die von ihm initiierten Jugendprojekte des Peer-Involvements wurden mit drei bundesweit ausgeschriebenen Preisen (1. Preis beim Ideen-Wettbewerb »Jugend übernimmt Verantwortung« der Stiftung Brandenburger Tor der Bankgesellschaft Berlin, Praxispreis [Oskar-Kuhn-Preis] für innovative Kommunikation in der Gesundheitsprävention der BLEIB-Gesund-Stiftung, Anerkennungspreis des seit 1984 ausgeschriebenen Hanse-Merkur-Kinderschutzpreises) und einem landesweit ausgeschriebenen Preis (Kurt-Senne-Preis für die anspruchsvolle Verzahnung von Theorie und Praxis) ausgezeichnet.
    Sie wünschen sich kompetente Hilfe pädagogische Tage zu gestalten oder Anregungen bei Versuchen Schule neu zu denken und aufzubauen? Joachim Armbrust freut sich seine sozialpädagogischen und organisationsstrukturellen Fachkenntnisse mit Ihnen zu teilen.

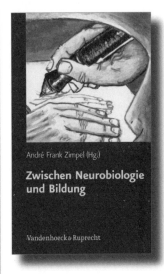

André Frank Zimpel (Hg.)
Zwischen Neurobiologie und Bildung
Individuelle Förderung über biologische Grenzen hinaus
2010. 192 Seiten mit 13 Abb., kartoniert
ISBN 978-3-525-70125-6

Bildung ist an (neuro)biologische Vorgänge gebunden. Ihre Nichtbeachtung provoziert herausforderndes Verhalten. Die Fallbeispiele gehen bewusst von extremen biologischen Bedingungen aus: Autismus, Trisomie 21, Tourette-Syndrom, Epilepsie, ...

André Frank Zimpel zeigt, dass der Schlüssel zu einem nachhaltigen Erfolg darin besteht, sich der Innensicht der scheinbar versagenden Kinder, Jugendlichen oder Erwachsenen anzunähern. Für weniger einschneidende Lernschwierigkeiten gilt erst recht: Biologische Grenzen stellen eine Herausforderung, aber kein unüberwindliches Hindernis dar.

Vandenhoeck & Ruprecht